EBS 강사가 추천하는
약대 바이오 인기학과 진로코칭

EBS 강사가 추천하는
약대 바이오 인기학과 진로코칭

펴낸날 2022년 4월 10일 1판 1쇄

지은이 정유희·안계정·조재헌
펴낸이 김영선
책임교정 정아영
교정·교열 이교숙·이라야
경영지원 최은정
디자인 박유진·현애정
마케팅 신용천

펴낸곳 (주)다빈치하우스-미디어숲
주소 경기도 고양시 일산서구 고양대로632번길 60, 207호
전화 (02) 323-7234
팩스 (02) 323-0253
홈페이지 www.mfbook.co.kr
이메일 dhhard@naver.com (원고투고)
출판등록번호 제 2-2767호

값 16,800원
ISBN 979-11-5874-144-0 (44370)

EBS 강사가
추천하는

약대
바이오
인기학과 진로코칭

정유희·안계정·조재헌 지음

미디어숲

추천사

이 시대는 대학의 중요성보다 본인의 진로에 맞는 학과의 선택이 필요합니다. 그러기 위해서는 자신이 진학한 학과에 대한 탐색이 필요합니다. 최근 학생들은 전망이 밝은 직업군에도 관심이 많습니다. 하지만 학생들이 생각하고 원하는 학과나 직업이 아직까지도 한정적이라는 부분은 항상 안타깝습니다. 이 책은 약학·바이오 관련 최근 동향과 앞으로의 비전을 보여주고 있습니다. 미래를 위해 지금 어떤 것을 공부하고 준비해야 하는지 잘 설명되어 있습니다. 이 책을 잘 활용하여 본인에게 맞는 학과를 선택한다면, 대학에서 학문의 즐거움과 취업까지도 누릴 수 있으리라 생각합니다.

경상국립대 물리학과 정완상 교수

『진로 로드맵 시리즈』는 이미 시장에서 입시 전문가들과 학부모들이 찾아보는 필독서가 되었다. 이번에 출간하는 『EBS 강사가 추천하는 약대 바이오 인기 학과 진로코칭』은 갈수록 학생들의 선호도가 높아가는 바이오산업에 대한 세부 학과 탐색을 기본으로 한다. 학과뿐만 아니라 취업 후 진로까지 세부 로드맵이 담겨 있다. 23&me 부터 노바티스까지 우리에겐 생소하지만 이미 세계적으로 성장한 글로벌 기업들의 진출 경로를 담고 있어 이 분야를 지원하거나 관심 있는 학생들과 학부모 그리고 컨설턴트들에게는 꼭 추천할 만한 책이다.

서정대, 한국전문대학교육협의회 국제협력실장 조훈 교수

전공과 계열을 찾아가는 가이드북이 있으면 시간과 공간이 절약된다. 적성과 흥미를 기반으로 하여 진로를 탐색하는 데 도움이 되는 정보는 독자들에게는 기쁜 소식이다. 약학대학을 가는 길, 바이오 관련 학과를 미리 탐구할 수 있는 소중한 책으로 세밀하게 공부하기를 추천한다.

호서대, 한국진로진학연구원장 정남환 교수

평소 많은 학생이 관심을 가지고는 있지만 잘 알지 못했던 분야인 바이오산업에 대한 소개와 최신 바이오산업의 동향까지 잘 나타낸 책이 드디어 출판되었다. 바이오 분야 또는 약학분야에 관심이 있는 학생이라면 이 책을 통해 바이오산업 분야의 흐름을 파악하고, 자신의 진로를 구체적으로 설정할 수 있을 뿐만 아니라 스스로 활동을 통해 탐구로 이어나갈 수 있을 것이다.

영남고 진로교육부장 김두용 교사

이 책은 4차 산업혁명에 다가올 바이오 테크놀로지의 길라잡이로 학생들에게 꿈을 성취하기 위한 지침서의 역할을 할 것으로 봅니다. 상담을 하다 보면 바이오·약학 분야에 진로를 희망하여 학생부종합전형을 준비하는 학생들이 많습니다. 하지만 바이오 분야가 어떻게 발전되고 있는지, 연구 분야는 어떤 것들이 있는지, 어떤 내용을 자신의 학생부와 연결시켜야 하는지 등 다양한 배경지식이 없어 힘들어합니다. 그런 학생들에게 이 책은 징검다리가 되어 학생들이 꿈에 한 발 더 다가설 수 있을 것입니다.

오내학교 회장, 진로진학부장 정동완 교사

2022학년도부터 약대 입시가 새롭게 적용되면서 교사도 학생도 분주해진 마음을 가라앉히기 힘들었습니다. 또한 코로나로 인해 가속화된 과학의 발달 역시 따라잡기 버거웠던 것도 사실입니다. 하지만 이 책을 보니 조금 안심이 됩니다. 목차만 봐도 책의 깊이와 폭을 한눈에 알 수 있을 만큼 양질의 정보를 담고 있습니다. 좋은 책 출간해주셔서 감사합니다.

거창고 진로진학부장 손평화 교사

최근 학교 현장에서 학생들을 마주하다 보면 약학·바이오에 대한 관심이 깊어지고 있다는 것을 알 수 있습니다. 이 책을 통해 현재 기업들의 바이오 신기술 및 산업에 대한 기초적인 개념과 관련 진로를 확인해 볼 수 있습니다. 2022년 개정 교육과정 속에서 약학·바이오 학과에 관심이 있는 중·고등학생들이 어떻게 대비해야 할지 그 방법과 방향성을 제시합니다.

서울 광성고 생물담당 장동훈 교사

21세기 차세대기술로 각광받고 있는 바이오 기술 및 신약과 관련된 산업의 현황 및 최근 이슈를 자세하게 제시한 내용이 인상적입니다. 막연히 바이오 관련 진로에 대한 생각만 하고 있었던 학생들에게 이 책을 전해 준다면 구체적인 로드맵을 세울 수 있습니다. 또한 관련된 학과를 진학하기 위한 자세한 진로·진학에 대한 정보까지 담고 있습니다. 만약 약학 및 바이오산업과 관련된 진로를 꿈꾼다면 이 책은 꼭 읽어봐야 할 책입니다.

안산 광덕고 수학담당 김홍겸 교사

학생들에게 바이오산업에 대해 설명해 주면서 그 중요성을 알려주는 데에 어려움을 느껴왔습니다. 이 책은 미래의 바이오산업에 대한 길라잡이 역할뿐 아니라 용어사전까지 겸비해, 기본 개념을 익힐 수 있습니다. 또한 약학, 바이오, 화장품, 종자산업에 이어 미래 발전 방향까지 상세히 안내해 주고 있습니다. 일반 고등학교 학생들뿐만 아니라 특성화고등학교 학생들의 진학과 진로를 결정할 때에도 유용하게 활용될 수 있는 도서가 될 것으로 기대합니다.

서귀포산업과학고 발명과학부장 서영표 교사

『EBS 강사가 추천하는 인기학과 진로코칭 시리즈』는 기존 도서와는 다르게 4차 산업혁명을 주도하는 분야의 최신 경향 및 관련 산업 분야의 기술 동향 흐름을 빠짐없이 제공하고 있습니다. 따라서 중·고등학생 및 학부모, 특히 현장에서 진로진학 컨설팅을 하는 현업종사자분들에게 상담에 필요한 메뉴얼의 역할을 톡톡히 해낼 것입니다. 학생들의 관심 분야에 관련된 국내외 최신정보와 해설, 새롭게 바뀐 고교 교육과정과 각 분야의 대학학과 정보를 함께 제공하고 있습니다. 특히, 학부모님들이 교과서만으로 충족하기 힘든 다양한 학습자료와 탐구주제들을 동시에 만족시킬 수 있는 참고서적으로 평가하고 싶습니다.

두각학원 입시전략연구소 전용준 소장

프롤로그

대학에서 원하는 역량을 어느 정도 준비했나요?
기업에서 요구하는 역량을 어느 정도 갖추었나요?

아직도 대학 이름이 중요하다고 생각하나요?

학령인구가 점점 줄어들고 있기 때문에 이제는 모든 학생이 대학을 갈 수 있는 시대입니다. 하지만 현실을 들여다보면 그다지 밝지 않습니다. 대학의 타이틀을 중시해서 마음에 없는 학과를 선택해 자퇴를 하고, 휴학을 하는 학생들도 무척 많다고 해요. 그럴듯한 이름의 학과를 선택했지만 생각했던 바와는 다른 공부를 하고, 대학에서 배운 학문으로 취업을 하자니 딱히 하고 싶은 일도 없고, 가고 싶은 직장도 없다고 합니다.

왜 우리는 12년간 미래를 위해 열심히 준비를 해놓고, 중요한 순간에 엉뚱한 선택을 하는 것일까요? 자신의 진로에 대해서 큰 고민도 하지 않고 현명한 도움도 받지 못해서 그럴 거예요. 그래서 앞으로는 전략적으로 취업이 보장되는 학과에 관심을 가져야 합니다. 각 기업마다 지역인재전형이 늘어남에도 불구하고 지방 거점 국립대도 인원을 다 모집하지 못하고 있습니다. 이제는 단순히 대학입학을 위한 역량을 갖출 것이 아니라, 시대에 적합한 역량을 갖추고, 인공지능을 활용해 비정형화되고, 복잡한 문제를 해결할 수 있는 능력을 갖춰야 해요. 바로 이런 인재를 '창의융합형 인재'라고 하죠.

여기에 발맞춰 정부에서도 학생들이 배우고 싶은 과목을 스스로 선택해 공부할 수 있도록 공동교육과정을 운영하고 있습니다. 뿐만 아니라 학생 맞춤형 교육과정인 '2022 개정 교육과정'을 운영하기 위해 디지털과 인공지능 교육 학습 환경도 조성하고 있지요. 특히, 자신의 진로와 흥미에 맞는 과목을 선택할 수 있도록 진로 선택 과목과 융합선택 과목을 개설해 미래사회에서 요구하는 인재로 성장하는 다양한 기회를 제공하고 있습니다.

이 책은 4차 산업혁명 시대에 필요한 인재들이 반드시 알아야 할 이슈와 교과목 선택 안내, 우리 주변에서 할 수 있는 탐구활동을 소개해 학생들이 관련 진로를 선택하는 데 도움을 주고자 합니다.

『EBS 강사가 추천하는 인기학과 진로코칭』 시리즈의 특징은 점점 갈수록 진로 선택의 시기가 빨라지는 만큼 중학생들도 자신의 진로를 탐색할 수 있도록 쉽고 재미있게 집필했습니다. 또한 성적이 낮아 진로 선택에 고민이 많은 학생도 자신의 꿈을 이룰 수 있도록 다양한 진로 방법을 소개하였습니다. 특히, 특성화고, 마이스터고, 폴리텍대학 등에 진학한 학생들의 취업을 보장하며, 고액의 연봉을 받는 전문직종에 진입할 수 있는 방법도 소개합니다.

『EBS 강사가 추천하는 약대·바이오 인기학과 진로코칭』은 그저 막연하게 약사를 희망하는 학생들이 대학에 들어가 약학을 공부하게 되면, 어떤 연구를 하게 되는지 구체적으로 알려줍니다. 또한 약사 이외에 누구나 선망하는 기업인

구글에 투자하는 바이오 기업에 대해 살펴보고, 취업이 보장된 학과의 교육과정을 소개합니다. 또 화장품에 관한 기술과 종자 생산과 스마트팜에 대한 내용까지 폭넓게 배울 수 있도록 구성했어요.

이 책은 전공에 대한 이해도와 관심을 높여 학생들의 꿈이 성적에 관계 없이 이루어질 수 있도록 다양한 정보를 실었습니다.

EBS 강사가 추천하는 약대 바이오 인기학과 진로코칭
EBS 강사가 추천하는 그래핀 반도체 인기학과 진로코칭
EBS 강사가 추천하는 로봇 인공지능 인기학과 진로코칭
EBS 강사가 추천하는 배터리 에너지 인기학과 진로코칭
EBS 강사가 추천하는 PAV 모빌리티 인기학과 진로코칭
EBS 강사가 추천하는 VR 메타버스 인기학과 진로코칭

6개의 가이드북은 학생들이 선택한 진로를 구체화하고 심층탐구 주제를 찾을 수 있도록 다양한 정보를 제공하였습니다. 따라서 학생들이 각 계열별 진로를 결정하는 데 도움을 줄 것으로 기대됩니다. 이 책을 통해 많은 학생이 어려움 없이 자신이 원하는 꿈을 이룰 수 있길 바랍니다.

저자 정유희, 안계정, 조재헌

차례

 PART 1 **바이오산업의 길라잡이**

바이오산업의
길라잡이

바이오산업은 무엇이며
어떤 특징이 있을까?

"바이오의약품이란 무엇일까요?"

사람이나 다른 생물체에서 유래된 것을 원료 또는 재료로 제조한 의약품으로 '생물의약품'이라고도 해요. 질환 원인을 추적해 치료 반응률을 높이고 부작용 위험을 줄여, 미충족 수요가 높은 희귀난치성질환 치료제와 환자별 맞춤형 치료제 등으로 빛을 발하고 있지요.

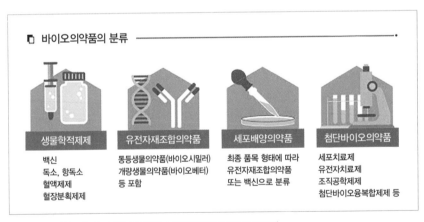

▯ 바이오의약품의 분류

생물학적제제	유전자재조합의약품	세포배양의약품	첨단바이오의약품
백신 독소, 항독소 혈액제제 혈장분획제제	동등생물의약품(바이오시밀러) 개량생물의약품(바이오베터) 등 포함	최종 품목 형태에 따라 유전자재조합의약품 또는 백신으로 분류	세포치료제 유전자치료제 조직공학제제 첨단바이오융복합제제 등

출처 : 2021 한눈에 보는 바이오의약품 산업(한국바이오의약품협회)

K-의료와 함께 K-바이오의 붐은 식을 줄 모르고 있어요. 최근 제약·바이오 분야에서 혁신적인 연구 성과들이 나오면서 전 세계적으로 K-바이오산업이 빠

른 성장세를 보이고 있다는 것을 뉴스를 통해서 확인했을 거예요.

현재 전 세계 제약·바이오산업은 1조 달러 규모를 넘었고, 바이오의약품 시장 규모만 해도 반도체 시장 규모의 2배가 넘는 1,790억 달러에 달할 정도로 인기가 높답니다. 또한 대부분의 국가에서 인구 고령화로 인해 헬스케어에 대한 수요층이 갈수록 늘어나고 있어 연평균 10% 성장률을 기록하고 있지요.

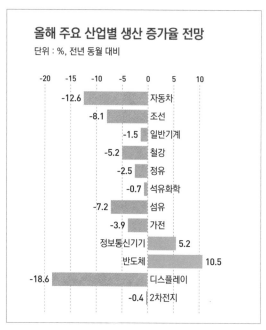

올해 주요 산업별 생산 증가율 전망
단위 : %, 전년 동월 대비

자동차	-12.6
조선	-8.1
일반기계	-1.5
철강	-5.2
정유	-2.5
석유화학	-0.7
섬유	-7.2
가전	-3.9
정보통신기기	5.2
반도체	10.5
디스플레이	-18.6
2차전지	-0.4

출처 : 주요산업별 생산 증가율 전망_산업연구원

바이오산업은 20년간 특허를 인정받아 고수익을 창출할 수 있는 분야이며, 타 산업 분야 기술과의 융합이 비교적 쉽기 때문에 관련된 새로운 학과들이 많이 생겨나고 있어요. 제약공학과, 바이오생명공학과, 생체의공학과, 줄기세포재생공학과, 바이오메카트로닉스학과, 바이오메디컬공학과, 바이오식품의과학과 등 그 이름도 다양해요.

　현재 기존의 제약·바이오 기업 외에 다양한 분야의 글로벌기업들도 바이오산업에 앞다투어 진출하고 있어요. 미국의 듀폰, 구글, IBM, 애플, 일본의 후지필름, 우리나라는 삼성이 대표적인 기업이지요.

　이에 발맞추어 우리나라는 2014년 7월 '2020년 바이오 7대 강국 도약'이라는 비전 아래 '바이오 미래전략'을 수립했고, 2015년 상반기에는 범부처 차원에서 구체적인 추진 전략을 세워 글로벌 기술혁신 바이오 기업 50개를 육성했답니다. 글로벌 신약 10개를 창출하는 것을 목표로 지속적인 연구개발을 통해 코로나 팬데믹 기간에 세계적으로 인정받을 수 있게 되었어요.

〈의약품 특허의 종류〉

물질특허	화학적 및 생물학적 방법에 의하여 제조된 유용성을 가진 신규 물질 자체에 부여되는 특허
제형특허	주사제, 정제, 연고제 등 의약품 형태에 관한 특허
조성물특허	여러 가지 성분을 복합하는 과정에서 성분 배합 방법이나 함량 및 비율 등에 관한 특허
용도특허	의약품 효능·효과, 용법·용량, 기전 등에 관한 특허

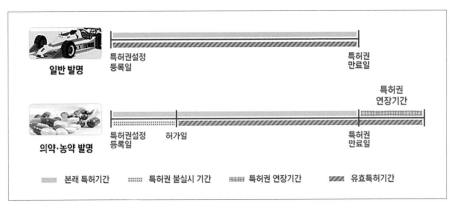

출처 : 허가 등에 따른 특허권 존속기간 연장등록출원제도(특허)

신약을 개발하는 데에는 시간이 많이 소요되기에 바이오시밀러(Biosimilar), 바이오베터 등으로 틈새시장을 선점(Fast Follower)하고, 줄기세포치료제, 유전자치료제 등으로 혁신시장을 이끌고 있답니다.

또한 융합기기, 진단제품을 통한 ICT융합 신시장(Market Creator)을 개척하는 등 연구지원금과 사업화를 위한 민간주도로 연구개발을 활성화시키고, 중개연구도 활발하게 운영하고 있어요. 이에 국가 바이오 빅데이터 플랫폼 구축사업으로 1조 원을 투입해 100만 명에 달하는 바이오 빅데이터로 희귀질환자, 한국인 유전체, 건강 및 생활습관 정보 등을 구축하고, 정밀의료 등 바이오헬스 분야 연구를 선도하고 있답니다.

그 결과 마이크로 RNA(miRNA) 등 세계 수준의 기초연구 성과를 달성하고 SCI 논문 건수도 급증했지만, 신기술개발에만 치중한 나머지 연구 성과의 사업화 연계가 부족한 기업들도 있지요. 이런 기업들은 최종 생산까지 많은 시간과 자본 투자가 필요하기에 기술 수출료를 받고 있어요. 또한 정부에서는 약물재창출(Drug repurposing)을 통해 생산까지 하는 기업과 연

바이오시밀러 : 동등생물의약품으로, 특허가 만료된 '바이오의약품에 대한 복제약'이라고 한다. 바이오시밀러라는 용어는 바이오(Bio)에 '유사한(Similar)'가 결합된 것으로써, 기존 바이오의약품과 비슷한 기능을 한다.

바이오베터 : 바이오시밀러에 실규 기술을 적용한 것으로 재조합 DNA 기술을 응용해 만든 바이오 신약의 효능 등을 개선시킨 바이오의약품이다. 기존 바이오의약품보다 더 낫다(better)는 의미로 바이오베터라고 불린다.

마이크로 RNA : 식물, 동물, 바이러스 등에서 발견되는, 약 22개의 뉴클레오타이드로 구성된 작은 비발현 RNA 분자로, RNA 침묵과 전사 이후의 유전자 발현 조절 등의 기능을 한다.

SCI : 미국 클래리베이트 애널리틱스(Clarivate Analytics)가 과학기술 분야 학술잡지에 게재된 논문을 바탕으로 구축한 데이터베이스이다.

약물 재창출 : 이미 다른 질병 치료에 사용된 약물의 용도를 바꿔 새로운 질병 치료제로의 가능성을 규명하여 출시되는 약을 의미한다. 신약 개발에 드는 비용과 기간을 크게 줄일 수 있는 장점이 있으며, 안전성이 입증되어 약물 개발 기간을 대폭 단축할 수 있다. 예를 들어 사시 치료제로 사용된 보톡스가 주름개선치료제로, 이상지질혈증 치료제인 스타틴이 알츠하이머 치료제로, 말라리아치료제인 하리드록시클로로퀸이나 에볼라 치료제로 개발된 렘데시비르에서 코로나19의 치료 효과를 찾는 전략이 그것이다.
[네이버 지식백과] 약물 재창출 [drug repurposing] (한경 경제용어사전)

구부터 개발까지 전 과정을 진행하는 기업 등으로 나누어 바이오산업을 체계적으로 관리하고 지원해주고 있답니다.

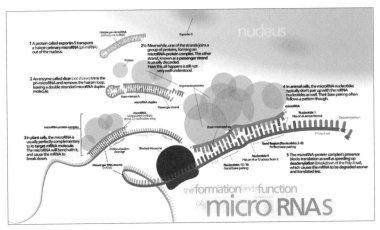

출처 : Diagram of miRNA action with mRNA(위키백과)

줄기세포치료제 : 자가골수유래, 자가 지방세포유래, 동종제대혈유래 줄기세포 등을 이용한 의약품이다. 질병의 치료, 진단 및 예방의 목적으로 사용하는 의약품으로 손상된 조직 및 세포의 재생 및 복구, 회복을 통해 심근경색, 퇴행성관절염의 연골 손상, 신경, 점막 세포 등 다양한 세포 손상 질환 치료에 사용될 수 있다.

바이오 미래전략을 위해 2020년 11월 '글로벌 첨단 바이오의약품 기술개발사업'과 '신시장 창조 차세대의료기기 사업'을 중심으로 아직 시장지배자가 없는 태동기 시장인 줄기세포치료제와 유전자치료제 분야가 선정되었어요.

해당 분야는 국내 역량이 선진국과 경쟁 가능한 수준이며, 줄기세포치료제에서 세계 최초 품목허가 경험

유전자치료제 : 유전자 이상을 교정하기 위해 인위적으로 가공한 치료 유전자를 투여하여 질병을 치료하거나 예방하기 위한 약물이다. 환자의 세포에 새로운 유전자를 집어넣거나(형질 도입), 잘못 작동하고 있는 유전자를 없애거나, 또는 돌연변이가 일어난 유전자를 정상 유전자로 대체하는 방법(유전자 대체)이 포함된다.

까지 가지고 있습니다. 우리나라는 임상 역량의 경우에도 세계 2위 수준의 바이오 강국이라, 세계적인 제약회사가 국내에서 약을 생산하고 있어요. 그래서 우리나라가 글로벌 바이오의약품 위탁 생산 공장으로 떠오르고 있답니다.

유전자치료제는 선진국 대비 기술격차가 3.8년으로 단기간 내 글로벌 도약이 예상되는 분야이기에 정부에서는 집중 사업으로 선정하여 바이오산업을 활성화하고 있어요. 신시장 창조 차세대 의료기기 사업은 **체외진단**(In Vitro Diagnostics), **분자진단**, 첨단의료기기 등 고성장을 하고 있는 헬스케어산업이 IT기술과 연계하여 빠른 속도로 발전하고 있답니다.

체외진단 : 혈액이나 타액(침), 소변 등 체액과 분비물로 몸속 상태를 진단하는 제품이다. 기존에 내시경 검사나 조직검사 등으로 직접 확인해야 했던 질병을 보다 신속하고 간편하게 진단할 수 있는 장점이 있다.

분자진단 : 세포 내에서 일어나는 다양한 분자 수준의 변화를 수치나 영상으로 평가하는 진단기법. 병리적 변화를 간접적으로 판독하는 혈액·소변검사보다 정확도가 높고 조직검사를 피할 수 있다.

02

앞으로 바이오산업은
어떤 변화가 있을까?

"앞으로 바이오산업은 어떻게 변화될까요?"

최근 10년간 연평균 바이오산업 매출 규모는 지속적으로 상승하고 있답니다. 2020년 13조 5,806억 원에서 2024년 20조 6,749억 원으로 확대될 예정이에요.

여기서 잠깐! 우리가 알고 있는 바이오산업에는 어떤 것이 있을까요? 혹시 약만 생산한다고 생각하지는 않겠지요.

바이오 분야는 약뿐만 아니라 식품, 의료기기, 장비 등 다양한 분야가 있어요. 분야별로는 서비스가 1조 9,595억 원, 의약 1조 5,067억 원, 식품 8,635억 원, 의료기기 8,100억 원 등 매출이 발생할 정도로 바이오산업은 국가의 근간산업으로 자리매김하고 있지요. 바이오산업 수출 규모는 처음으로 10조 원을 돌파했어요. 특히 코로나 진단키트 영향으로 바이오 의료기기산업이 2019년보다 3배 이상 증가할 정도 그 발전 속도가 빠르다는 것을 알 수 있을 거예요.

국내 바이오산업 수출은 2010년 2조 4,415억 원에서 2019년 6조 7,124억 원으로 무려 2조 2,708억 원 증가했어요. 분야별로는 바이오의약품 위탁생산(CMO) 수출 영향으로 서비스 분야가 273억 원에서 8,217억 원으로 대폭 증가했으며, 의약 및 식품 분야는 각각 2조 6,152억 원, 2조 4,078억 원의 수출액을 기록했답니다.

연도	분야별 바이오 매출				
	의약	식품	의료기기	장비 및 기기	서비스
	억원	억원	억원	억원	억원
2020	45,529	38,767	10,951	1,119	15,323
2021	48,902	40,766	12,577	1,163	18,827
2022	52,525	42,868	14,444	1,208	23,131
2023	56,416	45,078	16,588	1,255	28,420
2024	60,596	47,402	19,051	1,303	34,918

출처 : 분야별 바이오 매출 전망(한국바이오협회)

우리나라 바이오산업은 바이오시밀러와 체외진단 의료기기 생산 및 해외시장 진출 확대, CMO(Contract Manufacturing Organization) 등 급격한 성장을 이루고 있답니다. 2023년까지 국내 바이오산업에서 의약 분야가 대부분을 차지하고 있으나 점진적으로 서비스가 높은 비중을 차지할 것으로 예상되고 있지요. 특히 가장 활발하게 진행하고 있는 기업은 삼성바이오로직스와 SK그룹이에요.

그중에서도 삼성바이오로직스는 생산량 18만 리터에 달하는 제3공장을 통해 단일 공장 세계 최대 규모(전 세계 25% 생산능력)의 CMO시설을 자랑하고 있습니다. 삼성바이오로직스는 3공장까지 36만 리터를 생산할 수 있는데, 이는 세계 최고 생산능력이지요. 여기에 제4공장을 건립해 향후 2~3년 동안 생산할 물량을 확보한 상태로 세계적인 기업으로 주목을 받고 있답니다. 4공장의 예상 생산량

CMO : 고객사의 의뢰를 받아 의약품을 위탁 생산해주는 서비스를 뜻한다. 국내에서는 삼성바이오로직스와 SK그룹, 에스티팜, 바이넥스, 코오롱생명과학, 동국제약 등이 있다.

CDMO : 기존 CRO 영역을 광범위하게 포괄하고 있으며, 제품개발 서비스부터 분석 지원 및 제조를 하나의 통합된 프로세스 형태로 서비스를 제공한다. CDMO 서비스 유형은 크게 원료의약품과 완제의약품 형태에 따라 구분된다. 원료의약품은 일차 공정개발을 통해 세포 또는 조직으로부터 유래된 바이오 원료를 생산하는 서비스를 제공하며, 완제의약품은 생물학적 공급원으로부터 제조 또는 추출해 완제 바이오의약품을 생산하는 서비스를 제공한다.

은 25만 6,000리터(삼성 총 생산량은 62만리터)에 달할 정도예요.

여기에 만족하지 않고 5, 6공장을 계획하고 있는데 이것이 바이오산업이 앞으로도 유망한 산업이라는 것을 보여주는 사례이겠죠? 이 공장은 세포 및 유전자 치료제를 위탁개발생산(CDMO(Contract Development and Manufacturing Organization)) 할 계획도 세우고 있답니다.

구분	1공장	2공장	3공장	4공장
규모	30,000L	154,000L	180,000L	256,000L
공사기간	25개월	29개월	35개월	36개월
공사비용	3,500억 원	7,000억 원	8,500억 원	1조 7,400억 원

출처 : 바이오의약품 생산공장 개요(삼성바이오로직스)

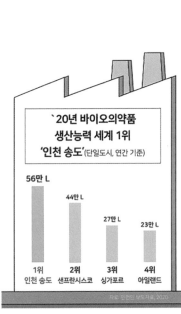

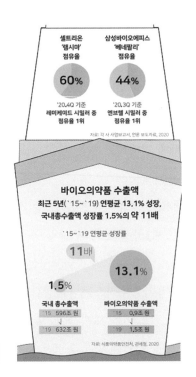

출처 : 인천인 보도자료, 식품의약품안전처

국내에서 개발한 바이오시밀러는 유럽 시장을 석권하며 세계적인 기술을 자랑하고 있습니다.

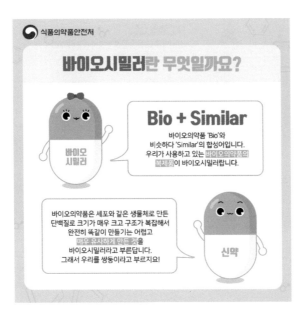

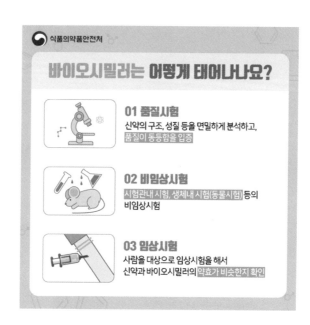

03

바이오산업의
신기술

"바이오산업의 비전을 보았나요?"

코로나로 인해 디지털 의료 서비스가 확산되고 있는 건 누구나 알고 있습니다. 원격진료가 되기 위해서는 디지털 헬스케어 산업 분야 발전과 더불어 진단의학도 같이 발전되어야 해요. 또한 인구 고령화로 인한 만성 질병의 증가로 관련된 산업도 지속적으로 연구개발되고 있답니다.

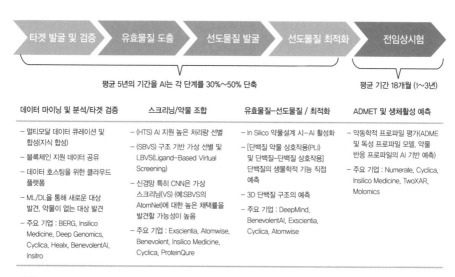

출처 : Data Science Impacting the Pharmaceutical Industry Part I : Drug Discovery Applications, 2020(생명공학정책연구센터)

리간드 : 착화합물 중에서 중심 원자를 둘러싸고 배위결합하고 있는 이온 또는 분자를 말한다. 체내를 구성하는 요소 중 리간드를 쉽게 관찰할 수 있는 곳은 혈액 내에 존재하는 헤모글로빈이다. 헤로글로빈의 기본 단위가 헴인데, 헴은 철 이온에 질소(포르피린:리간드)가 일방적으로 전자쌍을 제공하여 형성한다.

폴리펩타이드 : 천연 아미노산은 20 종류가 있는데, 이 아미노산들이 펩타이드 결합이라고 하는 화학 결합으로 서로 연결되어 있다. 이렇게 길게 사슬 모양으로 연결된 것을 폴리펩타이드라고 한다.

데이터셋 : 컴퓨터에서 사용할 수 있도록 저장된 유사하거나 관련된 데이터(자료)들의 집합체이다.

신약개발에서 인공지능을 활용하는 비중은 더 커질 거예요. 기존에는 최적의 약물을 찾을 때 평균 5년이 걸렸는데 인공지능을 활용하면 각 단계별로 30~50%까지 단축할 수 있어 46일 이내 새로운 신약 후보물질을 찾을 수 있습니다.

또한 신약개발에 인공지능뿐만 아니라, 데이터 사이언스 기술이 적용되어 단백질-리간드 도킹 예측을 위해 알려진 약물의 패턴과 약물 표적과의 상호작용을 탐색할 수 있어요. 이때 승인된 분자의 용도를 변경할 수도 있으며, 폴리펩타이드 시퀀스의 데이터셋을 활용한 AI기반 3D 접힘 예측 알고리즘을 통해 분자 도킹의 필수적인 단백질 접힘과 구조를 예측할 수 있어요. 이렇게 선별된 약물은 인공지능으로 설계된 화합물을 자동화된 합성 화학과 결합하여 새로운 선도

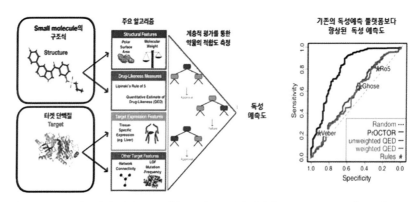

출처 : 인공지능을 이용한 바이오인포메틱스와 데이터 기반 신약개발 연구 동향, 2020(생명공학정책연구센터)

물질의 합성과 후보물질 발굴을 가속화할 수 있으며,
프라이빗 블록체인(Private Blockchain) 기술과 접목하여
데이터를 안전하게 공유 및 관리할 수 있답니다.

프라이빗 블록체인 : 권한이 있는 제한된 사람만 사용할 수 있는 블록체인 시스템을 말한다.

04

구글이 선택한
바이오 기업

"세계 최대의 인터넷 검색 서비스 기업,

구글은 어떤 바이오 기업을 선택했을까요?"

① 23앤드미(23andMe)

개인 유전자 분석 서비스 제공 및 검사 Kit를 판매하고 유전자 데이터를 확보해 이 데이터를 바이오 기업에 제공한 뒤 추가적인 연구가 진행되도록 하고 있답니다. 2007년 설립하여 유전자 검사 비용을 10분의 1로 낮추고, 치매를 포함 총 44개의 유전질환 관련 개인 유전자 분석 결과 제공하고 있어요. 2019년 기준 2,600만 명의 미국인이 이 유전자 서비스를 이용했고, 약 30개국에 걸쳐 300만 명의 유료 가입자를 확보하고 있으며, 연간 10억 달러 이상의 매출을 올리는 기업이에요.

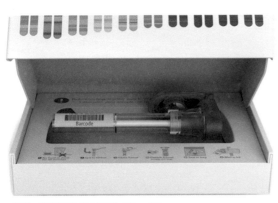

출처 : 23앤드미 테스트 킷_23andMe

② 플래티론 헬스(Flatiron Health)

플래티론사는 암 데이터 분석용 클라우드 플랫폼과 체내 전달법 개선 속도를 높이는 기술을 가지고 있답니다. 2018년 2월 생명공학 대기업인 로슈(Roche)가 19억 달러에 인수했어요. 알파벳(Alphabet)사의 지원을 받는 플래티론사는 암 환자 데이터를 수집 분석하여 암 환자와 의사에게 암 진단과 치료 분석 틀, 의료기록 등을 클라우드 방식으로 제공하고 있지요.

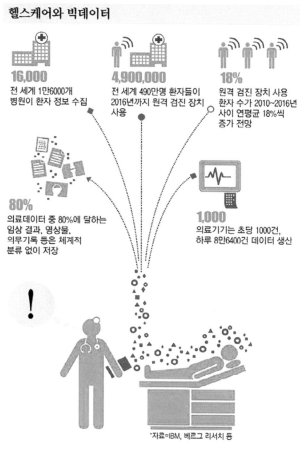

헬스케어와 빅데이터

16,000
전 세계 1만6000개 병원이 환자 정보 수집

4,900,000
전 세계 490만명 환자들이 2016년까지 원격 검진 장치 사용

18%
원격 검진 장치 사용 환자 수가 2010~2016년 사이 연평균 18%씩 증가 전망

80%
의료데이터 중 80%에 달하는 임상 결과, 영상물, 의무기록 등은 체계적 분류 없이 저장

1,000
의료기기는 초당 1000건, 하루 8만6400건 데이터 생산

*자료=IBM, 베르그 리서치 등

출처 : 헬스케어와 빅데이터_IBM, 매일경제

③ 파운데이션 메디슨(Foundation Medicine)

NGS 액체생검 동반진단법인 '파운데이션원®리퀴드 CDx(FoundationOne® Liquid CDx)'을 통해 암환자의 혈액을 검사해 300개 이상의 유전자 변이를 분석해 암환자에게 적합한 치료제를 선정해 주고 있어요. 구글의 '대화형 암 탐색기(Interactive Cancer Explorer)' 제작 원천기술을 제공해주고 있으며, 2015년 로슈(Roche)는 지분 56.3%를 10.3억 달러에 매입했답니다.

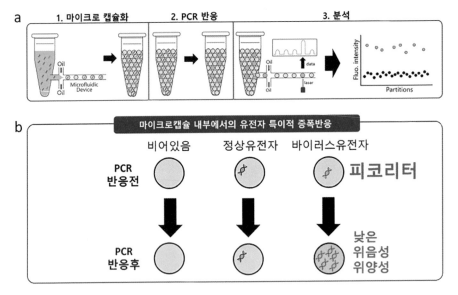

출처 : 미세캡슐화를 통한 디지털PCR 모식도_고려대(신세현)

④ 그릿스톤 온콜로지(Gritstone Oncology)

　다수의 종양 세포에서 공통으로 발현된 신항원을
표적으로 범용 T세포 백신을 만들어 다양한 암세포에
효과적으로 대응할 수 있게 만들려고 해요. 머신러닝
기법을 활용해 방대한 환자 정보를 분석하여 개인별
로 특화된 암세포에서만 발현되는 T세포 백신을 개발하고 있답니다.

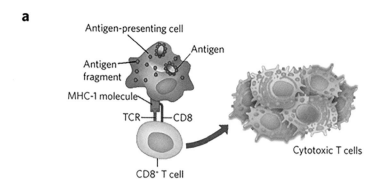

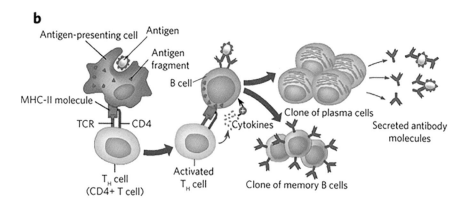

MHC-I은 내인성 항원에서 파생된 펩타이드를 제시
MHC-II는 외인성 항원에서 파생된 펩타이드를 제시

출처 : 왜 T세포(T cell)인가?_BRIC(양병찬)

⑤ 에디타스 메디슨(Editas Medicine)

환자의 세포를 배양접시에서 변형한 다음 재주입하지 않고, 크리스퍼(CRISPR) 유전자가위를 이용하여 체내에서 시술하여 시력 회복에 성공했답니다.

2015년 빌 게이츠 등 13개의 투자자들과 공동으로 투자한 기업이며, 에디타스 메디슨의 크리스퍼(CRISPR) 유전자 편집 기술과 블루락의 유도만능줄기세포(Induced pluripotent stem cell, iPSC) 플랫폼을 활용한 새로운 동종이계 만능줄기세포주를 만들 계획이

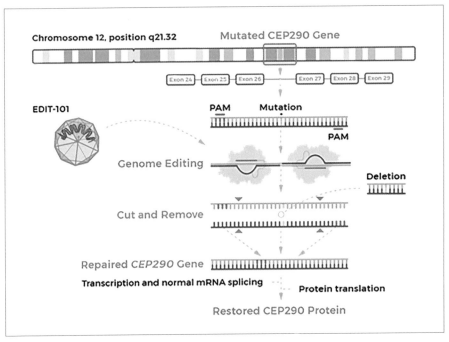

출처 : CRISPR를 이용한 시각상실 치료 EDIT-101_BRIC

에요. 또한 이 제휴로 에디타스 메디슨은 고형종양과 혈액암을 비롯한 암 분야, 블루락은 신경학, 심장학, 면역학 분야에 초점을 맞춰 연구를 진행하고 있답니다.

유도만능줄기세포(iPS세포) : 성체 세포에서 특정한 전사 인자 유전자를 자극하여 재프로그램하여 배아 상태로 만들어 원하는 줄기세포를 만들 수 있는 줄기세포를 말한다.

동종이계 : 같은 종에 속하면서도, 대립유전자에 대해서는 다른 유전자형이 있는 개체, 혹은 그것을 제공하는 조직편, 세포, 분자를 형용하는 용어이다.

⑥ 드날리 테라퓨틱스(Denali Therapeutics)

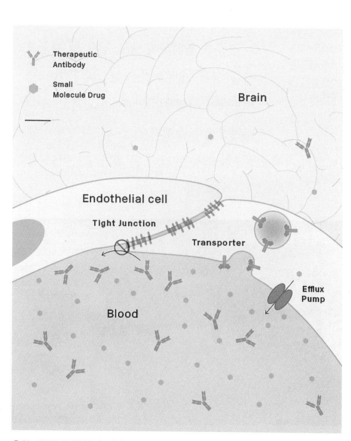

출처 : 엔지니어링 두뇌 전달_드날리

혈뇌장벽 : 뇌와 혈액을 격리시키는 혈관 장벽으로 높은 선택적 투과성을 갖고 있다. 뇌를 포함한 중추신경계의 조절기능을 세균 등의 병원체에 의해 감염되면 안 되기에 혈액 내의 잠재적인 위험 물질로부터 격리시키는 역할을 한다.

파킨슨병 : 치매 다음으로 흔한 대표적인 퇴행성 뇌 질환이다. 우리 뇌 속에는 여러 가지 신경전달물질이 있는데, 그 중에서 운동에 꼭 필요한 도파민이라는 신경전달물질을 분비하는 신경세포가 원인 모르게 서서히 소실되어 가는 질환이다. 파킨슨 환자들은 서동증(운동 느림), 안정 시 떨림, 근육 강직, 자세 불안정 등의 증상이 발생한다.

혈뇌장벽(Blood-brain barrier) 투과기술이 적용된 기술을 바탕으로 알츠하이머, **파킨슨병** 등의 신경퇴행성 질환을 치료할 수 있는 기술을 가지고 있어요. 치매치료제 아두카누맙을 출시한 바이오젠(Biogen)이 드날리 테라퓨틱스(Denali Therapeutics)에 지분 인수를 위해 10억 달러를 투자하여 파킨슨병 단백질을 차단하는 약물을 공동으로 연구하고 있습니다.

⑦ 노바티스(Novartis)

구글과 협력하여 당뇨 진단 및 자동초점 콘택트렌즈를 공동 개발하기로 했습니다. 2014년 노바티스의 비전케어 사업부인 알콘(Alcon)과 스마트렌즈 공동 연구개발에 착수했지요. 스마트렌즈에 혈당 측정뿐 아니라 마치 카메라의 자동초점조절 기능과 같이 근·원거리 사이의 시력 조절에 어

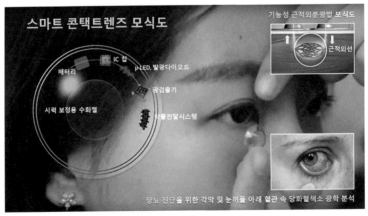

출처 : 실시간 당뇨 진단하는 콘택트렌즈_포스텍

려움을 겪는 환자를 위한 기능까지 포함되어 있어요. 이 렌즈에는 두 겹의 얇은 소프트렌즈 막 사이에 무선 마이크로칩과 포도당 측정 장치가 삽입될 것으로 알려져 있답니다.

☑ 구글도 상용화하지 못한 기술을 한국이 해냈다고요?

포스텍(POSTECH)에 있는 벤처기업 화이바이오메드는 눈물 속 당(누당·淚糖) 측정용 콘택트렌즈에 반도체 집적회로를 이용하여 개발했답니다. 토끼 30여 마리를 대상으로 콘택트렌즈로 잰 누당 수치와 일반 채혈 방식으로 잰 혈당 수치를 비교한 결과, 두 수치가 비례한다는 것을 95%의 데이터 정확도로 밝혔어요. 놀라운 결과입니다.

측정된 누당 수치는 고리 모양의 안테나를 통해 외부의 본체로 전달되고, 센서는 평소에 꺼져 있다가 본체를 가까이 가져다 대면 활성화되는 기능이 있어요. 센서처럼 작고 얇은 금박 패치에 약물을 넣어 콘택트렌즈에 탑재하면, 금박이 눈물에 녹아서 약물이 눈물과 섞여 몸속으로 흘러 들어가는 원리로 당 수치를 유지할 수 있답니다.

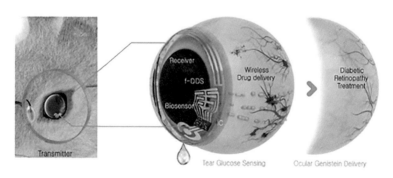

출처 : 눈물 속 당 수치를 재고 약물을 투여할 수 있는 스마트 콘택트렌즈(포스텍)

☑ 코일, 레이저를 이용한 기술도 나왔다고요?

렌즈가 아닌 방식으로 눈물의 혈당을 측정하는 기술들도 상용화에 도전하고 있어요. 네덜란드 노비오센스사는 최근 국제 학술지 '바이오매크로몰레큘'에 "2㎝ 길이의 용수철 모양 코일 센서를 눈에 갖다 대는 방식의 혈당 측정 기기를 개발해 초기 임상시험에 성공했다"고 발표했지요. 임상시험에서 혈액 채취 방식보다는 정확도가 떨어지지만 세포 사이 체액을 측정하는 방식과는 정확도가 거의 비슷해 상용화가 가능한 수준이라는 평가를 받았다고 해요.

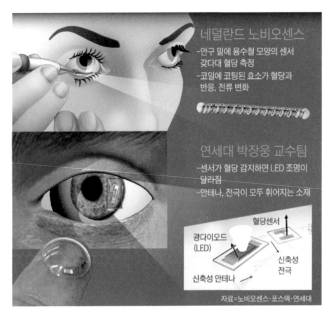

출처 : 노비오센스, 포스텍, 연세대

☑️ 완벽한 '소프트' 방식의 스마트 렌즈를 구현한 기술도 있다고요?

박장웅 연세대 교수는 지난 1월 울산과학기술원(UNIST) 재직 당시 국제 학술지 '사이언스 어드밴스'에 발광다이오드(LED)를 갖춘 혈당 측정용 콘택트렌즈를 발표했습니다. 평상시에는 LED에 빛이 나는데, 눈물의 혈당이 기준치 이상으로 높아지면 불빛이 꺼져 금방 알 수 있어요.

특히 콘택트렌즈의 착용감을 높이기 위해 전극과 안테나를 모두 신축성 있는 소재로 만들어 구부려져도 전자회로가 손상 없이 본래 성능을 유지할 수 있답니다.

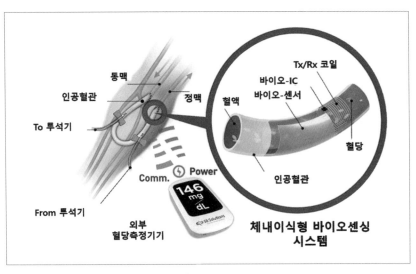

출처 : 코일센서를 이용한 무채혈 방식 혈당 측정 기술_UNIST

⑧ **사노피(Sanofi)**

구글과 당뇨병 통합관리 체계 및 치료제를 개발하기 위한 합작벤처를 설립했답니다. 2016년 9월 각 5억 달러를 투자해 온듀오(Onduo)라는 회사를 설립했으며, 앞으로는 혈당 수준 모니터링 결과와 환자 입력 정보(신체 상태, 식단, 센서기기 등)를 종합하여 1형 및 2형 당뇨환자 통합관리 시스템 개발할 예정이에요. 더욱 저렴한 바이오의약품 복제약들이 등장하면서 당뇨 시장에서의 경쟁이 치열해질 것으로 전망하고 있어 이를 대비하기 위해 많은 연구를 하고 있지요.

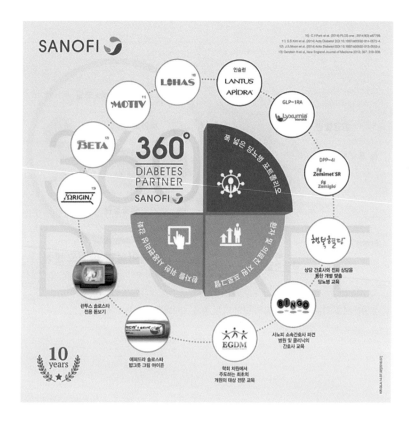

⑨ 존슨앤존슨(JnJ)

구글과 협력하여 소형 스마트 수술로봇을 개발했습니다. 다빈치의 수술용 로봇 등 기존 타사 장비와 달리 구글의 이미지 검색 기능에 활용되는 **인공신경망** 기술을 접목해 수술 중 의사에게 환자의 몸 내부 영상 이미지 관련 정보를 바로 제공하기 때문에 좀 더 정확한 질병 치료가 가능해요.

> **인공신경망** : 사람 또는 동물 두뇌의 신경망에 착안하여 구현된 컴퓨팅 시스템을 말한다.

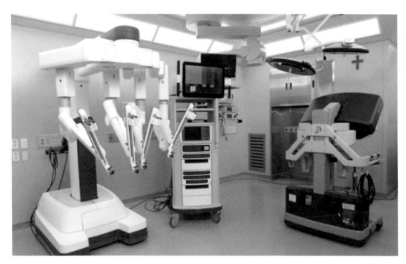

출처 : 가톨릭대 성빈센트병원_다빈치Xi 로봇수술기

⑩ GSK(GlaxoSmithKline)

구글과 협력하여 생체전자의약품(Bioelectronic medicine)을 개발하고 있어요. 생체전자의약품은 우리 몸의 신경을 통과해 다양한 질환에서 발생하는 비정상적인 전기신호를 변경해주는 소형 이식 장치로 만성 질환을 치료하는 일명 '전자약'이라고 말해요.

☑ 구글은 왜 바이오 기업에 투자를 할까요?

현재 바이오헬스케어 산업의 핵심 요소가 보건의료 및 생명공학 중심에서 '데이터 분석과 예측'으로 변화하고 있답니다. 전자 의무기록 확대 및 각종 의료기기 발달로 의료 데이터가 기하급수적으로 증가하고 있지요. 또한 데이터의 접근성을 높이기 위해 클라우드 서비스와 높은 수준의 정보보안 기술이 필요한데요. 구글은 이런 역할을 톡톡히 해내고 있기에 새로운 시장과 수익을 위해서는 반드시 필요한 기업입니다.

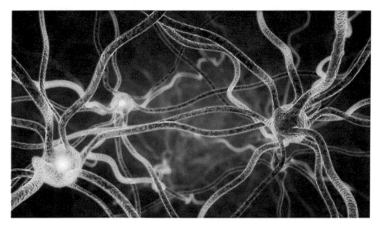

출처 : 생체전자의약품 인체 내 전기신호 변형_조선비즈

05

바이오 클러스터를 형성하면
어떤 점이 좋은가?

"지역별로 다양한 바이오 클러스터를 운영하고 있어요.
우리 지역에도 있는지 찾아볼까요?"

우리나라는 바이오산업이 발전되면서 지역별 바이오 클러스터를 구축하고 있답니다. 이는 중앙정부뿐만 아니라 지역자치단체들도 고용률을 높이고, 지역의 인구를 늘리기 위한 방안으로 많이 조성되고 있지요. 그로 인해 바이오 클러스터가 반도체 클러스터처럼 방대하게 형성되지 못하고 산별적으로 운영되고 있다는 단점이 있어요. 하지만 이는 시간이 지나면서 자연스럽게 연구개발과 생산을 주로 하는 지역으로 구분되어 발전되지 않을까요?

산별 : 산업의 종류에 따른 구별

클러스터명	주력 분야	운영기관
원주 의료기기 테크노밸리	의료기기	(재)원주의료기기 테크노밸리
송도 바이오프론트	바이오·의료산업	인천경제자유구역청
대덕 연구개발특구	바이오/나노/IT융복합 기술	연구개발특구진흥재단
판교-광교 테크노밸리	바이오/나노/IT 등 기술기반 산업	(재)경기도 경제과학진흥원, 경기바이오센터

대구·경북 첨단의료복합단지	의료기기/합성신약	대구·경북 첨단의료산업진흥재단
오송 첨단의료복합단지	의료기기/바이오신약	오송 첨단의료산업진흥재단
서울 바이오허브	바이오·의료 스타트어 창업 지원	서울 바이오허브 TF

출처 : 국내 바이오클러스터 활성화를 위한 제언(한국보건산업진흥원, 조용래 외)

전국 지자체에 조성되었거나 계획 중인 바이오 클러스터

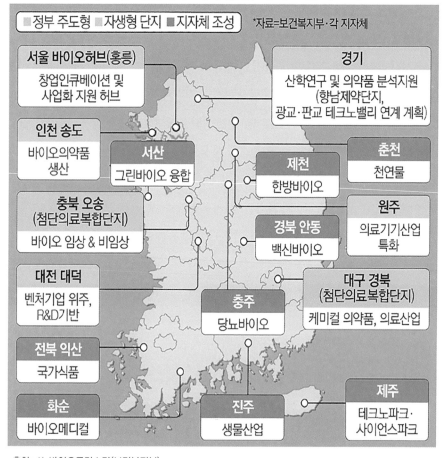

출처 : K-바이오클러스터(보건복지부)

바이오
개념 사전

01

바이오 '의약산업'
용어에 대해 알아보자

① 항생제(Antibiotics)

미생물이 생성한 물질로, 미생물의 성장을 저해하는 항균작용을 바탕으로 인체에 침입한 세균의 감염을 치료하는 약물이에요.

출처 : 항생제_질병관리청

② 항암제(Anticancer medications)

암세포의 증식을 억제하기 위하여 사용하는 화학요법 치료제입니다.

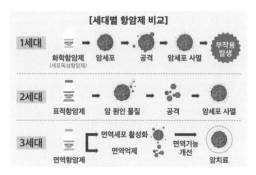

출처 : 세대별 항암제_중외제약 뉴스룸

③ 백신(Vaccine)

인간을 비롯한 동물에 특정 질병 혹은 병원체에 대한 후천성 면역을 일으키는 의약품입니다.

출처 : 백신의 예방원리 및 종류(식품의약품안전처)

④ **호르몬제(Hormone drug)**

호르몬의 불균형을 완화하거나 특수한 질환의 치료를 위해 사용하는 의약품
입니다.

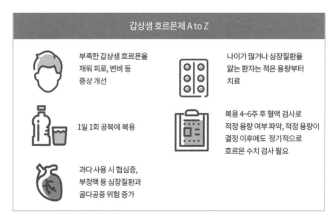

출처 : 갑상샘 환자 100만명 시대(중일일보 헬스미디어)

글로불린 : 단순단백질 중 물에 잘 용
해되지 않는 단백질군을 글로불린이라
고 한다.

⑤ **면역제제**

사람의 혈청에서 γ글로불린 등 면역성분을 활성화
시키는 물질을 활용하여 치료할 수 있는 의약품입니다.

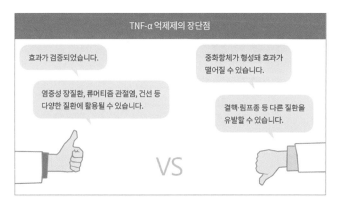

출처 : 면역제제_부작용이 적은 생물학적 제제(중앙일보 헬스미디어)

⑥ 성장인자(Growth factor)

세포분열을 촉진하여 세포의 수를 증가시키고 대사를 촉진하는 단백질의 총
칭을 말합니다.

출처 : 섬유아세포성장인자(왓숍)

⑦ 신개념치료제

기존 질병을 치료할 때 새로운 방법으로 치료효과를 높이는 기술을 가진 치
료제예요.

출처 : 치료제의 작용원리 및 종류(식품의약품안전처)

⑧ 진단키트

코로나진단키트, 임신진단키트 등 효소를 활용하여 혈액이나 소변, 침 등으로 관련 정보를 알려주는 장치예요.

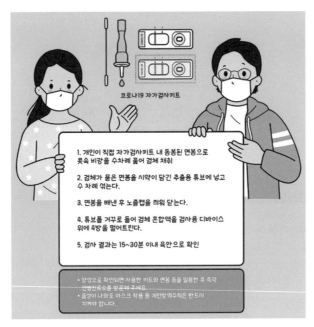

출처 : 코로나19 자가진단 키트 사용법(검진하이)

⑨ 동물약품

동물용으로만 사용함을 목적으로 하는 의약품을 말하며, 양봉용, 양잠용, 수산용 및 애완용(관상어를 포함) 의약품이 있어요. 농축산과 애완용 동물을 포함한 전체 동물용의약품 시장은 향후 급속도로 확대되는 잠재 시장으로 부상할 전망이니 동물약품을 개발할 필요성도 높아지고 있어요. 여기에 동물용 진단제품의 매출도 빠르게 성장하고 있습니다.

과거 수의사들에게 정기적으로 백신접종, 의약품 처방 및 판매가 주된 수익원

이었다면 최근에는 정기적인 백신접종은 사라져가고 별도의 처방전 없이도 누구나 쉽게 접할 수 있는 약의 판매가 높아지고 있어요. 이에 수의사들은 동물의 건강 유지를 위한 각종 건강정보 및 진단 서비스로 수익 창출을 위해 힘쓰고 있으며, 매년 약 10% 성장하고 있답니다.

출처 : 국내 동물용의약품 산업규모_한국동물약품협회

PCR과 DNA 복제의 차이
DNA 복제는 살아있는 유기체에서 발생하는 자연적인 과정으로 세포 성장이나 재생을 위해 복제를 합니다. PCR은 실험실에서 수행되는 DNA 증폭 방법입니다. 관심 있는 DNA 조각이나 유전자에서 수천에서 수백만 개의 DNA 사본을 생성하여 감염여부, 친자나 범인여부를 파악하는데 활용합니다. 주요 차이점으로는 PCR은 일정한 온도에서 PCR 기계에서 수행되어 많은 수의 DNA 사본을 생성하는 반면, DNA 복제는 체온에서 신체 내부에서 발생하여 단일 DNA 분자의 두 개의 동일한 사본을 생성합니다.

02

바이오 '화학산업'
용어에 대해 알아보자

① 바이오 고분자(Biopolymers)

미생물, 식물, 동물 등의 생명체의 생합성으로 만들어지는 특정 단일물질이 중합되어 있는 다중체(Multiunit)의 거대분자(Macromolecule)입니다. 예로는 폴리뉴클레오타이드(Polynucleotide : DNA와 RNA)와 아미노산의 중합체인 폴리펩타이드(Polypeptide)인 단백질 등이 있습니다.

출처 : 우리가 매주 신용카드를 먹고 있는 이유(채널CJ)

생분해 소재별 특징

소재	바이오 함량(%)	특징
PLA	100	투명성 우수, 파손에 약하며 낮은 성분해도 (자연 생태계에서 생분해 불가), 식품용기 등 사용 *현재 가장 보편화된 생분해 소재
PBAT	0	토양 생분해가 가능하고 유연성이 좋으나 100% 석유계 소재
PHA	100	유일한 해양 생분해 소재, 다양한 용도에 적용 가능 *전세계 극소수 기업만 생산 중

출처 : 우리가 매주 신용카드를 먹고 있는 이유(채널CJ)

PHA 제품 적용 사례 - PHA 종류: PHBHx, PHBV 등 적용 기술에 따라 물성 달라지며 적용 산업 다름

수율 향상 : 투입량 대비 완성품 비율
을 높인다.

프로테아제 : 단백질과 펩티드결합을
가수분해하는 효소로 동식물의 조직이
나 세포, 미생물에 널리 존재한다.

마스킹 : 목적 성분의 검출 또는 정량을
방해하는 공존 성분을 적당하게 화학
처리하여 그 방해를 없애는 일이다.

② 산업용 효소(Industrial enzymes)

효소산업은 4차 산업인 지식 집약 산업의 꽃이라
불리고 있어요. 조미액에서는 추출액을 중심으로 수
율 향상을 목적으로 프로테아제 등의 효소가 사용되
고 있으나, 축산, 수산자원 원료의 폭등으로 그 중요성
이 높아지고 있죠. 최근, 효모추출물을 중심으로 효
소분해형의 새로운 분야로 효소분해로 얻어지는 펩티
드계의 감칠맛, 마스킹 효과 등이 평가되어 시장이 커
지고 있습니다. 효소분해 조미료의 제조에는 고도의
단백질의 분해가 필요하므로 분해 비율이 높고 쓴맛
의 생성이 적은 프로테아제 제제의 연구개발이 이루어
지고 있어요.

Platform 기술 기반으로 다양한 산업군에 필요한 맞춤 효소 개발

출처 : 제노포커스(한국미생물생명공학회)

③ 바이오화장품(Biocosmetics)

생물이 자연적으로 만들어내는 성분을 바이오테크
놀러지(Biotechnology)를 이용하여 생산하고, 그 성분
을 함유시킨 화장품을 말합니다. 조직배양으로 동식
물의 유효성분을 대량 생산할 수 있게 되었고, 그 성분

시코닌 : 약용식물인 자초의 뿌리에서
추출되는 적자색의 색소. 항균 작용, 항
염 작용이 있어서 일찍부터 염료나 생
양으로 사용되어 왔다.

을 피부에 적절하도록 배합한 화장품 개발이 이루어지게 되었어요. 지치의 뿌리
(자근)에서 유출되는 색소인 **시코닌**을 배합한 입술연지는 종래 극소량밖에 입수
할 수 없었지만 식물배양을 이용한 시코닌의 대량 생산으로 상품화에 성공했습
니다.

기능성을 강조한 바이오화장품

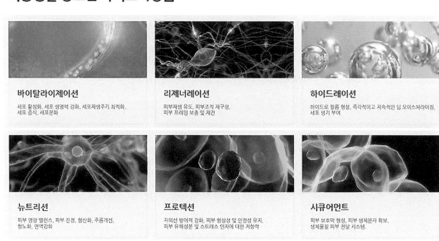

바이탈라이제이션
세포 활성화, 세포 생명력 강화, 세포재생주기 최적화,
세포 증식, 세포분화

리제너레이션
피부재생 유도, 피부조직 재구성,
피부 프레임 보충 및 제건

하이드레이션
하이드로 필름 형성, 즉각적이고 지속적인 딥 모이스처라이징,
세포 생기 부여

뉴트리션
피부 영양 밸런스, 피부 진정, 항산화, 주름개선,
항노화, 면역강화

프로텍션
자외선 방어력 강화, 피부 형상성 및 안정성 유지,
피부 유해성분 및 스트레스 인자에 대한 저항력

시큐어먼트
피부 보호막 형성, 피부 생체분가 확보,
생체물질 피부 전달 시스템

출처 : 새라제나_세원셀론텍 화장품, KB금융지주경영연구소

④ **생활화학제품**(Home & Personal care chemicals)

가정, 사무실, 다중시설 등 일상적인 생활공간에서 사용되는 화학제품으로 사람이나 환경에 화학물질의 노출을 유발할 가능성이 있는 제품 중 위해성이 있다고 인정된 제품은 환경부에서 관리하고 있어요.

출처 : 생활 속 화학제품(환경부)

⑤ 바이오농약(Biological agrochemicals)

살아 있는 미생물이나 생물에서 유래한 추출물을 이용하여 농작물의 병해충을 방제하는 생물적 방제 제입니다. 화학적 농약에 대비되는 농약으로 생물농약, 천연농약이라고도 불립니다. 바이오 농약은 크게 미생물 농약과 생화학 농약으로 분류됩니다.

미생물 농약은 바이러스, 세균, 원생동물 등 살아있는 미생물을 활용한 방제제로 BT(Bacillus Thuringiensis)균, 다각체 바이러스 등이 있습니다. 생화학 농약은 천연 화합물을 추출하거나 생물통신물질을 이용한 생물질 방제제로 피레드린(Pyrethrin)이나 니코틴 등이 주로 쓰입니다.

다각체 : 바이러스를 싸고 있는 단백질 결정체로서 곤충에서는 다각체바이러스에 감염되는 핵이나 세포질에서 형성됨. 일종의 바이러스 봉입체(封入體)임. 바이러스 종류에 따라 모양이 다르다.

피레드린 : 사람이나 농작물에 해가 되는 곤충을 죽이는 효과를 지닌 유기 약제이다.

니코틴 : 식물의 2차 대사물질인 알칼로이드의 일종으로 주로 담배에 많이 들어있다.

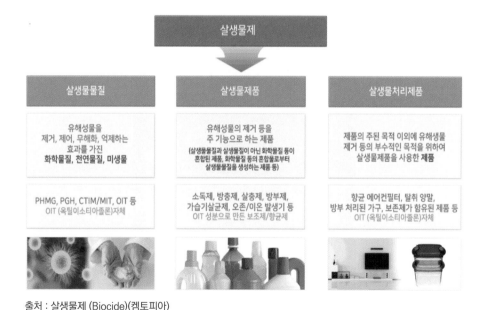

출처 : 살생물제 (Biocide)(켐토피아)

03

바이오 '식품산업'
용어에 대해 알아보자

① **건강기능식품**(Functional health foods)

인체에 유용한 기능성을 가진 원료나 성분을 사용하여 제조가공한 식품을 말합니다.

출처 : 통합식품안전정보망(식품의약품안전처)

② 아미노산(Amino acids)

미생물에서 인간에 이르기까지 모든 생명체에 공통적인 필수 화합물입니다. 모든 생체에는 동일한 20가지 유형의 아미노산이 포함되어 있답니다.

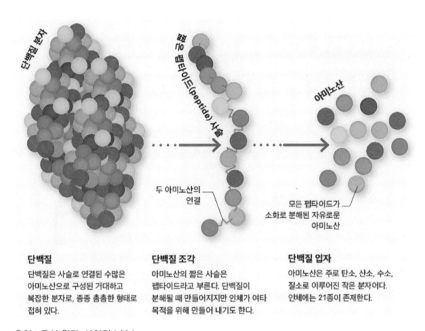

단백질

단백질은 사슬로 연결된 수많은 아미노산으로 구성된 거대하고 복잡한 분자로, 종종 촘촘한 형태로 접혀 있다.

단백질 조각

아미노산의 짧은 사슬은 펩타이드라고 부른다. 단백질이 분해될 때 만들어지지만 인체가 여타 목적을 위해 만들어 내기도 한다.

단백질 입자

아미노산은 주로 탄소, 산소, 수소, 질소로 이루어진 작은 분자이다. 인체에는 21종이 존재한다.

출처 : 음식 원리_사이언스북스

자기조립 기술

단백질의 서열과 구조 및 기능이 매우 복잡하고 다양해 새로운 단백질 구조 및 기능을 인위적으로 설계하기가 쉽지 않아요. 새로운 구조 및 기능을 설계하려면 고분자의 서열을 최적화하는 과정이 필요합니다. 자기조립이란 적정 환경에서 분자가 스스로 모여 집합체를 형성하는 것을 말합니다. 인공 효소나 생촉매, 생체물질 합성의 기반이 될 수 있는 단백질 자기조립 기술이 개발되었다.

③ 식품첨가물(Food additives)

식품을 가공하고 조리할 때 식품의 품질을 유지 또는 개선시키거나 맛을 향상시키고, 색을 유지하게 하는 등의 목적으로 식품 본래의 성분 이외에 첨가하는 물질을 말합니다.

출처 : 식품첨가물의 불편한 진실(그린포스트코리아)

④ **발효식품(Fermented foods)**

　미생물이 자신이 갖고 있는 효소를 이용해서 유기물을 분해시키는 일련의 과정을 발효라고 합니다. 김치, 된장, 청국장, 간장 등의 우리나라의 전통 식품뿐만 아니라 요거트, 치즈와 같은 유익균이 듬뿍 들어 있는 것도 있어요.

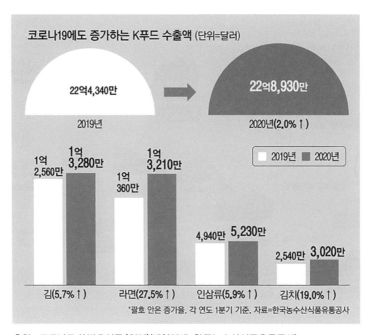

출처 : 코로나로 韓발효식품 '인기'(매일경제, 한국농수산식품유통공사)

⑤ **사료첨가제(Feed additives)**

돼지의 사료첨가제는 생산성 개선이나 돈육 생산의 목적으로 사료에 소량 배합하는 비영양소 보조물질로 정의할 수 있어요. 항생제, 생균제, 효소제, 유기산제, 향미제, 감미제, 항산화제, 각종 천연물질 및 기능성 물질 등이 사료첨가제로 분류될 수 있어요.

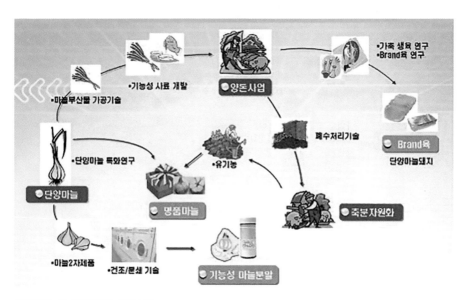

출처 : 기능성 사료첨가제_제천신문

04

바이오 '환경산업'
용어에 대해 알아보자

① 환경처리용 미생물제제(Microbial treatment agents)

위해성 폐기물을 미생물제제로 수질, 토양 등을 정화하는 데 사용하는 물질입니다.

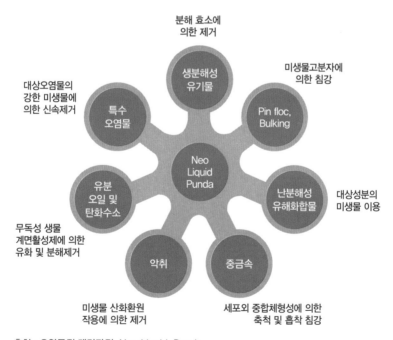

출처 : 오염물질 제거과정_Neo Liquid-Punda

② 미생물 고정화 소재 및 설비(Microbe-immobilized materials and equipments)

미생물의 고정화법은 담체결합법, 가교법 및 포괄법으로 분류된다. 담체결합법은 수중에 불용성의 담체의 표면에 미생물을 고착시키는 방법이며, 가교법은 2개 이상의 작용기를 가지는 시약으로 가교시키는 방법이고, 포괄법은 미생물을 격자 내에 고정시키거나(격자형) 폴리머의 피복에 의해 피복하는 방법(마이크로캡슐)입니다.

고형물의 표면에는 미생물과 유기물이 부착해서 미생물이 증식하는 동시에 세포의 폴리머 등을 생산하는 것에 의해 생물막이 형성됩니다. 생물막의 두께가 기질이 투과하는 두께(유효두께) 이상으로 되면, 그 두께보다 내부에 존재하는 미생물의 활성은 저하되고 마찰 저항도 크게 되므로 생물막은 탈리하기 쉽게 됩니다. 생물을 고착시키는 담체로는 다당류, 불활성단백질, 합성수지, 합성고분자 및 무기물이 이용되지만, 하수처리에 이용되는 것은 값이 싸고 내구성이 있는 재질로 하지 않으면 안 됩니다.

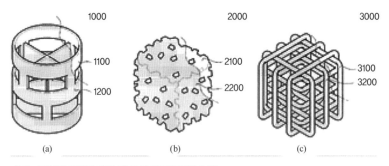

출처 : 미생물 고정화 담체 및 이의 제조방법(이수철)

③ 바이오 환경제제 및 시스템(Bioenvironmental agents and systems)

미생물과 미생물 유래 효소는 막대한 비용과 복잡한 설비가 필요한 화학공업 등의 공정을 단순·효율화하는 데 기여하고 있어요. 흑색효모에 의해 생산되는 다당류의 일종인 풀루란(Pullulan)은 식품용 먹는 필름 및 의료용 캡슐 등으로 다양하게 사용되며, 검은 곰팡이가 생산하는 '이타콘산(Itaconic acid)'은 화학공업의 거의 모든 분야에 원료로 사용되는 유기산입니다.

출처 : 작지만 아름다운 미래의 보물(농사로 농업기술)

④ 환경오염 측정시스템(Measuring apparatus for environmental pollution)

유해대기 측정시스템은 고성능 첨단 분석 장비를 탑재한 차량으로 악취 또는 대기 오염물질 100여 종을 이동하면서 모니터링하는 환경감시 시스템입니다. 굴뚝자동측정시스템(Clean SYS, Tele-Monitoring System)은 자원회수시설 등 사업장에서 배출하는 대기, 환경오염물질 배출상태를 자동측정기로 상시 측정, 이를 환경관리공단 관제센터의 주 컴퓨터와 온라인으로 연결하여 오염물질 배출상황을 24시간 상시 감시하는 시스템입니다.

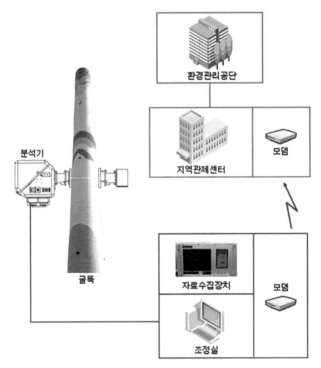

출처 : 굴뚝자동측정시스템(서울특별시 자원회수시설)

05

바이오 '전자산업'
용어에 대해 알아보자

① DNA칩(DNA chips)

세포 내의 기능이 알려져 있는 수많은 DNA들을 유리나 반도체로 된 하나의 칩 위에 고밀도로 담아낸 것을 말하며, 유전자에 이상이 있는지 없는지를 알아내는 데 사용이 가능하다. 칩 위에 수많은 DNA 염기서열들이 들어가 있어 DNA에 이상이 있는지 없는지 알아낼 수 있어요.

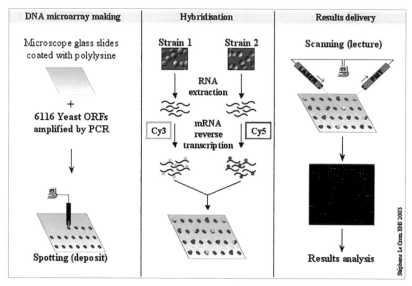

출처 : DNA 마이크로어레이(DNA microarray)(분자신경생물학)

② 단백질칩(Protein chips)

특정 단백질과 반응할 수 있는 항체, 수용체, 리간드, 핵산 및 탄수화물 등과 관련된 물질을 단일 칩에 고밀도로 고정화하는 것입니다. 신약 개발, 질병 진단 등에서 DNA 칩보다 다양한 응용 분야를 보유하고 있어요. 단백질 분리 및 확인, 정량화 및 기능 분석에 이르는 일련의 단백질 분석을 수행할 수 있어 생명공학 산업뿐 아니라, 질병의 원인 규명을 유전자 수준에서 단백질 수준까지 확대하는 프로테오믹스 분야에서 널리 사용될 것으로 기대됩니다.

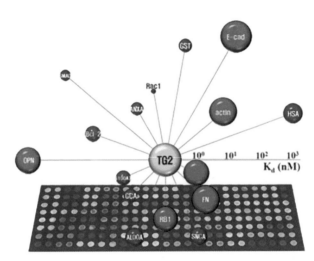

출처 : 칩을 이용한 정량적인 단백질 활성도(하권수)

③ 세포칩(Cell chips)

장기 칩은 실제 장기의 구조를 모방하여 칩의 위쪽 면에는 공기나 치료제가 흐르고, 아래쪽 면은 혈액이 이동하여 식품, 화장품, 치료제의 약 효과와 독성, 다른 장기에 미치는 영향들을 파악하는 데 사용하고 있어요.

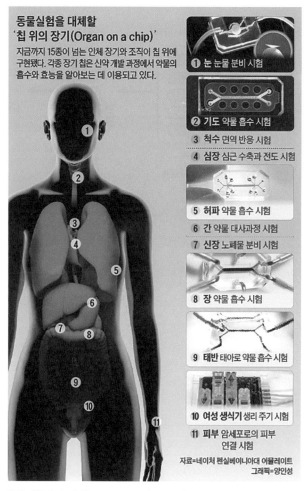

출처 : '칩 속의 인간'으로 신약 개발(조선비즈)

④ 바이오센서(Biosensors)

측정 대상물로부터 정보를 얻을 때, 생물학적 요소를 이용하거나 또는 생물학적 요소를 모방하여 색, 형광, 전기적 신호 등과 같이 인식 가능한 유용한 신호를 변환시켜주는 시스템을 말합니다.

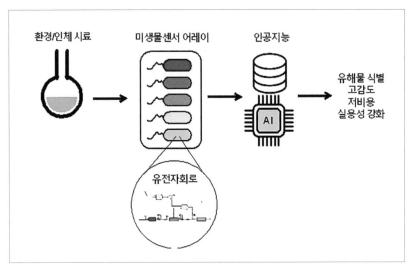

출처 : AI 기반 바이오센서 개념도(한국생명공학연구원)

⑤ **바이오멤스(BioMEMS)**

'초소형 전기기계 시스템'이라는 뜻으로, 실리콘 기판이나 유리 기판, 또는 유
기소재 등의 위에 기계요소 부품으로서 센서, 액츄에
이터, 전기회로 등을 한 자리에 탑재한 디바이스를 말
합니다.

> **액츄에이터** : 시스템을 움직이거나 제
> 어하는 데 쓰이는 기계 장치이다.

자동차, 정보통신, 안전·안심, 환경, 의료와 같은 분야의 니즈에 대응하여,
초소형·고기능·고신뢰성을 가진 다기능 MEMS 디바이스의 실용화가 진행되고
있어요.

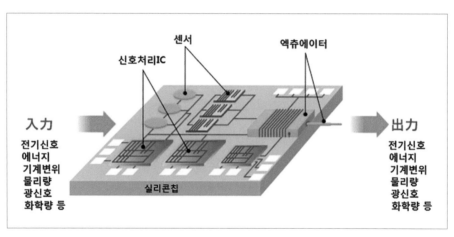

출처 : MEMS_NEDO

06

바이오 '공정 및 기기산업' 용어에 대해 알아보자

① 바이오 반응기(Bioreactors)

회분식 : 한 번에 재료 1회분만을 처리하는 방법이다.

생물반응기는 발효조(Fermentor)라고도 부르며 이상적인 생물반응기의 종류는 **회분식** 배양기(Batch fermentor), 연속 교반 배양기(Continuous stirred tank fermentor), 플러그 흐름 배양기(Plug flow fermentor), 유가식 배양기(Fed-batch fermentor) 4가지로 나눌 수 있습니다. 이러한 생물반응기는 기질(Substrate)을 생성물로 전환시키는 속도(Conversion rate), 생성물 수율(Product yield), 생성물 농도, 생산성(Productivity)을 높이는 것이며, 연속 배양인 경우에는 장기간 교체 없이 사용할 수 있는 효소 고정화 또는 세포 고정화 방법을 활용하는 것입니다.

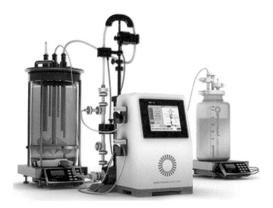

출처 : SPECTRUM, KML™ 100 System Bioreactor(바이오디)

② **생체의료기기 및 진단기(Biomedical and diagnostic apparatuses)**

환자의 각종 의료정보(의료영상 제외)를 사용하여 정상과 다른 이상 신호를 검출하거나 질병의 유무, 상태를 진단하여 의료진의 진단 결정을 보조하는 데 사

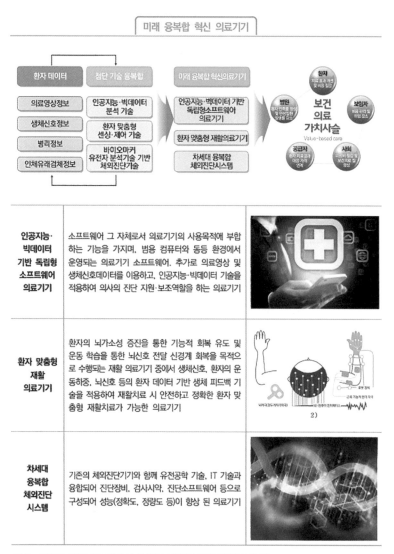

인공지능·빅데이터 기반 독립형 소프트웨어 의료기기	소프트웨어 그 자체로서 의료기기의 사용목적에 부합하는 기능을 가지며, 범용 컴퓨터와 동등 환경에서 운영되는 의료기기 소프트웨어. 추가로 의료영상 및 생체신호데이터를 이용하고, 인공지능·빅데이터 기술을 적용하여 의사의 진단 지원·보조역할을 하는 의료기기	
환자 맞춤형 재활 의료기기	환자의 뇌가소성 증진을 통한 기능적 회복 유도 및 운동 학습을 통한 뇌신호 전달 신경계 회복을 목적으로 수행되는 재활 의료기기 중에서 생체신호, 환자의 운동하중, 뇌신호 등의 환자 데이터 기반 생체 피드백 기술을 적용하여 재활치료 시 안전하고 정확한 환자 맞춤형 재활치료가 가능한 의료기기	
차세대 융복합 체외진단 시스템	기존의 체외진단기기와 함께 유전공학 기술, IT 기술과 융합되어 진단장비, 검사시약, 진단소프트웨어 등으로 구성되어 성능(정확도, 정량도 등)이 향상 된 의료기기	

출처 : 신개발 의료기기 전망 분석 보고서(식품의약품안전평가원)

용하는 소프트웨어로서 국내 품목으로는 질환예후·예측검사 소프트웨어, 질환소인검사 소프트웨어, 암예후·예측검사 소프트웨어, 암소인검사 소프트웨어가 있습니다.

③ 바이오 공정 및 분석기기(Bioprocess and analysis equipments)

바이오 공정은 바이오의약품을 연구, 개발, 제조하는 공정을 의미하며, 이에 사용되는 장비 및 소모품을 바이오 공정제품이라고 합니다.

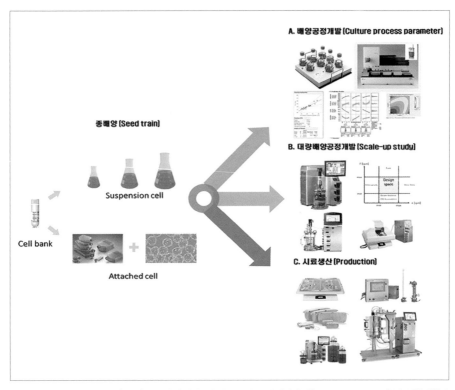

출처 : 설계기반 품질고도화(QbD) 기술을 활용한 단위 공정별 품질위해관리(Risk assessment) 및 실험계획법 (Design of Experiments)(오송첨단의료산업진흥재단)

④ 공장 및 공정설계(Plant and process design)

바이오제약 엔지니어링 프로젝트의 설계 프로세스는 엔지니어링 프로젝트 설계, 프로세스 설계, 재료 균형, 에너지 균형 및 열 데이터 추정, 프로세스 장비 설계 및 재료 부식 방지, 작업장 레이아웃, 파이프라인 설계, 제약 청정도의 기본 절차를 다룹니다.

바이오제약 엔지니어링 디자인은 제약 이론, 엔지니어링 디자인 및 실제 바이오제약 회사를 사용하여 일련의 이론과 실습을 결합해 계획 및 디자인을 완료하고, 대규모 의약품 생산 및 우수한 품질, 높은 과학적 및 기술적 내용, 높은 노동 생산성, 환경 보호를 갖춘 바이오제약 생산기업을 구축합니다.

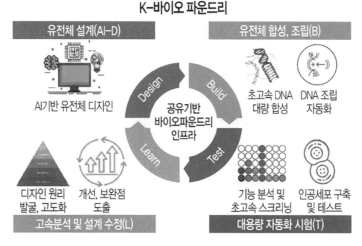

출처 : 합성생물학 기반 '바이오파운드리'(국민일보)

07

바이오 '에너지 및 자원산업' 용어에 대해 알아보자

① 바이오연료(Biofuel)

바이오매스(Biomass)로부터 얻는 연료로, 살아있는 유기체뿐만 아니라 동물의 배설물 등 대사활동에 의한 부산물을 모두 포함해요. 바이오연료는 화석연료와는 다른 재생 가능 에너지입니다. 종종 바이오연료는 바이오 에탄올과 바이오 디젤을 합해 지칭하는 말로도 사용됩니다.

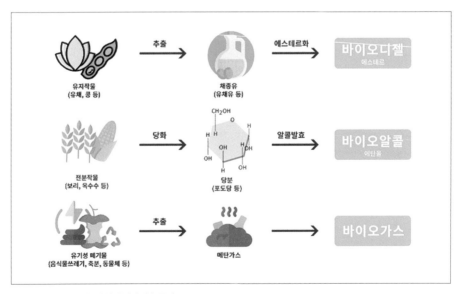

출처 : 바이오에너지_자연에너지기술공사

② 인공종자 및 묘목(Artifical seeds and seedlings)

살아있는 식물조직편을 잘라내 무균조건으로 배지에서 무한으로 생육시키는 방법으로 대량 증식하여 인공종자를 만들어 묘목을 만들어요.

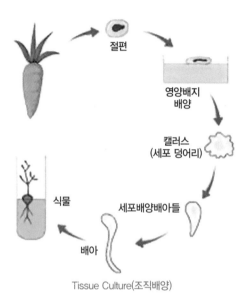

Tissue Culture(조직배양)

출처 : Plant Tissue Culture(상지대)

③ 실험동물(Experimental animals)

교육·시험·연구 및 생물학적 제제(製劑)의 생산 등 과학적 목적을 위하여 실험동물을 대상으로 실시하는 실험 또는 그 과학적 절차를 말합니다. 전 세계적으로 매년 약 6억 마리의 동물들이 실험동물로 쓰이고 있어요. 대부분의 실험동물들은 실험이 끝난 뒤 안락사를 시킵니다. 실험동물들은 대개 대량으로 사육되지만 몇몇 동물들은 야생에서 붙잡히기도 해요. 실험은 대학, 병원, 제약회사, 화장품회사, 식품회사 등 많은 곳에서 광범위하게 이루어지고 있어요.

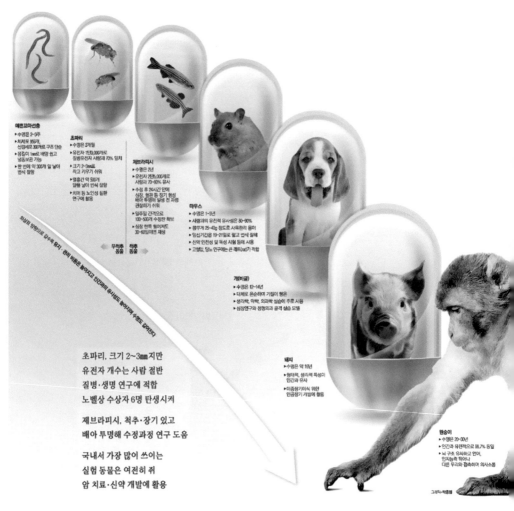

예쁜꼬마선충
▶ 수명은 2~3주
▶ 치체포 959개, 신경세포 300개로 구조 단순
▶ 몸길이 1mm로 배양 쉽고 냉동보관 가능
▶ 한 번에 약 300개 알 낳아 번식 실험

초파리
▶ 수명은 2개월
▶ 유전자 1만3,000개로 질병유전자 사람과 70% 일치
▶ 크기 2~3mm로 작고 키우기 쉬워
▶ 알숫굴기 약 500개 알 낳아 번식 실험
▶ 치매 등 노인성 실험 연구에 활용

제브라피시
▶ 수명은 2년
▶ 유전자 2만6,000개로 사람과 70~80% 유사
▶ 수정 후 24시간 안에 심장, 혈관 등 장기 형성 배아 투명하여 발생 전 과정 관찰하기 쉬워
▶ 일주일 간격으로 100~500개 수정란 확보
▶ 심장 한쪽 떼어내도 30~60일이면 재생

마우스
▶ 수명은 1~3년
▶ 사람과의 유전적 유사성은 30~90%
▶ 평균체 25~40g 정도로 사육관리 용이
▶ 임신기간은 19~21일로 짧고 번식 왕성
▶ 신약 안전성 및 독성 시험 등에 사용
▶ 고혈압, 당뇨 연구에는 큰 래트(rat)가 적합

개(비글)
▶ 수명은 10~14년
▶ 대체로 온순하대 기질이 뛰어
▶ 생리학, 약학, 의과학 실습에 주로 사용
▶ 심장연구와 정형외과 골격 실습 모델

돼지
▶ 수명은 약 18년
▶ 형태학, 생리적 특성이 인간과 유사
▶ 이종장기이식 위한 인공장기 개발에 활용

원숭이
▶ 수명은 20~30년
▶ 인간과 유전적으로 98.7% 동일
▶ 뇌 구조 유사하고 언어, 인지능력 뛰어나 다른 무리와 접촉하며 의사소통

무척추동물 ◀━━ ━━▶ 척추동물

화살표 방향으로 갈수록 유지 : 현재 바뀐은 높아지고 인간과의 유사성도 높아지며 유전도 높아진다

초파리, 크기 2~3mm지만
유전자 개수는 사람 절반
질병·생명 연구에 적합
노벨상 수상자 6명 탄생시켜

제브라피시, 척추·장기 있고
배아 투명해 수정과정 연구 도움

국내서 가장 많이 쓰이는
실험 동물은 여전히 쥐
암 치료·신약 개발에 활용

그래픽=박종명

출처 : 인간 생체시계도(매일경제)

④ **유전자 변형 동·식물(Transgenic animals and plants)**

유전적으로 조작된 동물들은 많은 중증 질환을 치료하기 위한 연구목적으로 활용되며, DNA를 바꾸거나 전달하여 특정 단백질을 얻어낼 수 있어요. 사람 단백질의 안정적인 발현이 양, 돼지 그리고 들쥐를 포함한 많은 동물에서 연구되어

왔습니다. 농작물의 생산량 감소 및 품질 저하의 개선으로 세계적인 기아문제를 해결할 수 있고, 과거 대비 작물의 수확량 증가 및 농약 비용, 인건비 절감으로 농가의 소득이 향상될 수 있도록 변형됩니다.

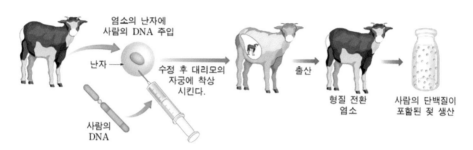

출처 : 핵이식_생명과학 I 교과서

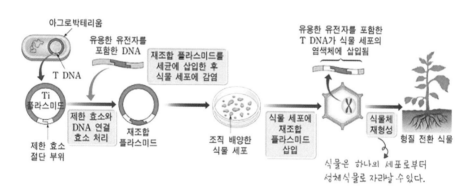

출처 : 유전자재조합기술_생명과학 I 교과서

텔로미어
텔로미어(telomere)는 염색체의 끝부분에 있는 것으로 세포의 수명을 결정짓는 역할을 합니다. 이것은 세포시계의 역할을 담당하는 DNA의 조각들이다. 텔로미어는 염색체의 끝부분을 막고 있는 분해되지 않는 완충지역으로 세포가 분열되면서 텔로미어는 줄어듭니다. 텔로머레이스라는 역전사효소에 의해 보충됩니다.

08

바이오 '검정, 정보서비스 및 연구개발업' 용어에 대해 알아보자

① 바이오 정보서비스(Bioinformatics services)

모든 사람에게 고유하고 시간이 지나도 쉽게 변하지 않으며, 패스워드, OTP 카드 등과 달리 별도로 기억하거나 소지할 필요가 없어 편리성이 높지만, 한 번 유출될 경우 변경이 어려워 지속적으로 정보가 악용될 수 있다는 단점이 있어요. 최근 실제로 바이오정보가 유출되거나 위·변조되는 사례가 발생하여 국민의 우려가 높아지고 있는 상황이어서 프라이빗 블록체인 등을 통해 바이오 정보를 보호하기 위한 노력을 하고 있어요.

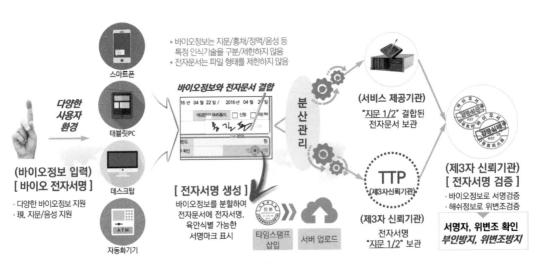

출처 : 바이오 전자서명_시큐센

② 유전자 관련 분석 서비스(Gene analysis services)

유전적으로 타고난 대사 증후군 위험도를 파악하여 생활습관 개선과 건강관리 방법을 제공하는 서비스입니다. 체질량지수, 콜레스테롤, 혈당, 혈압, 중성지방 5가지 항목에 대한 유전적 위험도를 분석해 유전자 관련 상담을 제공해요.

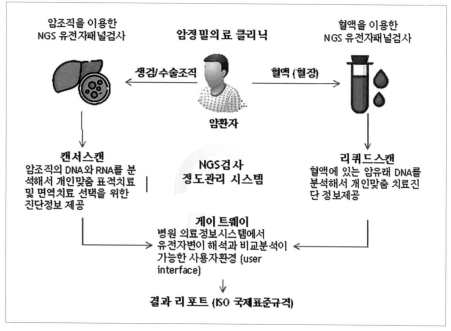

출처 : 암유전체진단 프로세스_지니너스

③ 단백질 관련 분석 서비스(Protein analysis services)

프로테오믹 : 단백질(프로테옴)을 대량으로 분석하는 기술을 말한다.

단백체학은 단백질 레벨에서 유전자 발현을 조사합니다. 유전자 발현 및 세포 단백질 함량은 치료법이나 스트레스 조건에 따라 질적으로나 양적으로 모두 달라질 수 있어요. SGS는 단백질 레벨에서 유전자 발현을 조사하는 효과적인 프로테오믹 분석을 제공합니다.

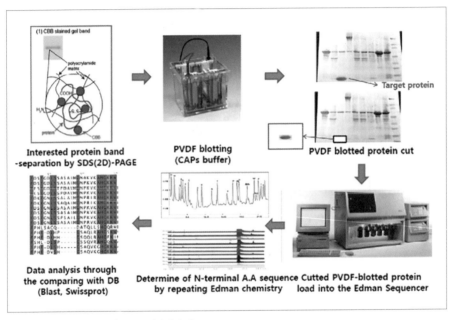

출처 : 단백질서열분석응용(바이오 애널리시스)

④ **연구개발 서비스(R&D services)**

영리에 목적을 두고 독자 연구개발 활동 그리고 R&D 관련 업무를 지원하며 수행하는 활동을 말합니다. 연구개발 활동은 독립적으로 수행하기도 하고 외부로부터 위탁을 받아 수행하기도 합니다. '연구개발지원업'의 경우 연구개발에 필요한 기술정보, 컨설팅, 조사, 시험과 분석, 시작품 제작, 기술사업화 등을 통해 연구개발에 전폭적으로 지원하게 됩니다.

초기 제형연구(Preformulation)

- 주성분 물리화학적 특성평가
- pH, 온도, 빛 등 안정화 조건 연구
- 부형제 적합성 연구

제형연구 (Formulation development)

- 동결건조, 액상바이알, 분말바이알, 필드실린지 등 제제연구
- 공정개발 연구
- 용기시스템 연구

분석연구 (Analytical method development)

- 분석법 개발 연구
- 분석법 밸리데이션
- 주요 분해산물 특성 평가

안정성연구 (Stability study)

- 장기보존 시험
- 중간조건 시험
- 가속시험
- 가혹시험

출처 : CDMO 연구개발 서비스(펜믹스)

⑤ 바이오 안전성 및 효능 평가 서비스(Biosafety and efficacy evaluation services)

신뢰성 있는 데이터로 신약후보물질의 약효, 독성, PKPD 평가를 통해 신뢰성 보증 업무를 지원합니다.

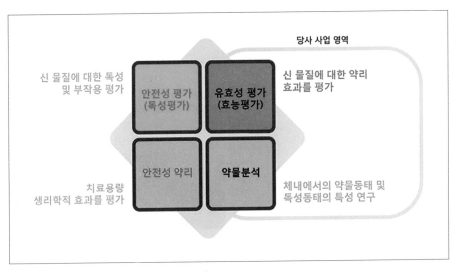

출처 : 신약 효능 평가 사업모델(에스엘에스바이오)

⑥ **진단 및 보관 서비스(Diagnosis and preservation services)**

일반인을 대상으로 한 클라우드 기반의 개인 유전자 정보 보관 서비스입니다. 개인의 혈액에서 추출한 DNA의 30억 개 염기서열을 분석하고, 도출한 데이터를 클라우드 방식으로 최장 30년간 보관하는 서비스입니다.

또한, 이를 바탕으로 현재 상용화된 유전자 검사 서비스와 더불어 의사 상담도 제공합니다.

유전자를 저장해두면 이를 활용해 본인의 유전적 질병 예측이나 유전자 기반의 맞춤 건강관리 등 다양한 유전자 검사 서비스를 받을 수 있고, 향후에 개발 혹은 허용되는 유전자 분석 서비스를 추가적인 채혈 없이 이미 확보된 데이터로 바로 분석할 수 있습니다.

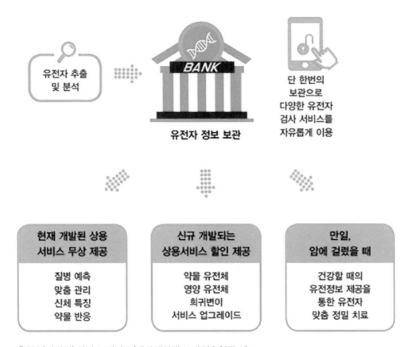

출처 : '진뱅킹' 서비스 개념도(테라젠이텍스 바이오연구소)

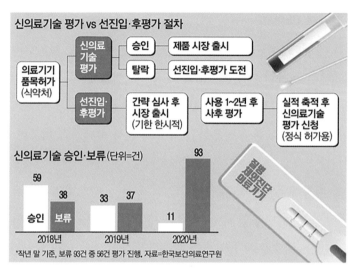

출처 : 모든 질병체외진단기기_한국보건의료연구원, 매일경제

세계적 의료 허브로의 도약을 꿈꾸는 K-바이오, 약학·제약공학과

m-RNA 백신의
무궁무진한 활용 분야

"의약품 위탁생산을 하는 것이 바이오 발전에 도움이 되나요?"

2020년 갑자기 찾아온 코로나19로 전 세계는 혼란에 빠졌습니다. 무방비 상태에서 맞닥뜨린 신종 감염병에 각국은 국경을 걸어 잠그고 자국민을 보호했지요. 여기에 확산을 방지하기 위해 자국민들의 이동도 제한하는 강력한 조치방법인 봉쇄카드까지 꺼내들었습니다.

우리나라가 이동제한, 지역 봉쇄 등 국민의 기본권을 침해하지 않고도 바이러스의 확산을 막을 수 있었던 것은 감염자의 신속한 위치 파악과 접촉자의 신속한 진단검사가 있기에 가능했습니다. 특히, 불필요한 접촉을 줄여 차량에 탑승한 채로 진단 검사를 받는 '드라이브 스루(승차 검진)' 선별진료소, 신속하게 확진자를 찾아내는 진단키트 등과 병상이 부족한 상황에서 가벼운 증상의 확진자를 치료하기 위한 생활치료센터로 대기업 연수원 등을 활용해 병상을 확보하고, 간이 음압병상까지 활용한 덕분이에요. 이로써 한국식 감염병 대응시스템을 뜻하는 'K-방역'이 빛을 발하게 되었지요.

세계 각국은 이런 'K-방역' 성공 모델을 잇따라 채택하였습니다. 차에 탄 채 진단검사를 받을 수 있는 드라이브 스루방식을 국가비상사태를 선포한 미국과, 영국·독일·벨기에·덴마크 등 유럽 국가들도 채택한 뒤 운영했습니다. 또한 걸어서 통과하며 코로나19의 검사를 받을 수 있는 '워크스루(도보 이동형)' 선별진료소도 우리나라가 처음 시행했습니다. 특허청이 범정부 차원의 지원을 받아 'K-워크스루'를 브랜드화해 현재 세계 많은 나라로 확대 적용되고 있습니다.

'K-방역'에 찬사를 보낸 빌&멜린다 게이츠 재단은 코로나19 대응에 나선 국내 기업을 지원하고 있습니다. SK바이오사이언스는 게이츠 재단으로부터 코로나19 백신 개발을 위한 지원금 약 44억 원을 받았습니다. 이처럼 세계적으로 바이오 분야에서 우수성을 인정받는 전환점이 되었어요.

삼성바이오로직스는 의약품 위탁개발(CDO)을 가속화할 수 있는 서비스 플랫폼인 'S-Cellerate(에스 셀러레이트)'를 출시했습니다. 이로써 삼성바이오로직스 회사는 위탁생산(CMO) 사업에서 의약품 위탁개발

> **공정 특성 확인** : 제품을 생산하는 각 공정 단계가 지니는 특성을 확인한다.

(CDO) 사업에도 박차를 가하게 되었어요. 에스 셀러레이트를 통해 세포주 개발부터 임상시험계획승인(IND) 제출, 공정 특성 확인(Process Characterization, PC), 품목허가신청(BLA)까지 소요되는 시간을 단축할 수 있었어요. 특히 세포주 개발부터 임상시험계획승인(IND) 제출까지 걸리는 기간을 최대 9개월로 단축시킬 수 있게 되었답니다. 여기에 세포 및 유전자치료제 위탁생산개발(CDMO) 진출을 위해 4공장을 신규로 건립하였어요. 세계적인 바이오 우수국가라는 이미지에 걸맞은 행보를 보여주고 있어요.

화학의약품과 항체치료제는 생산단가가 5~10% 정도이고, 세포·유전자치료제는 20~30% 정도로 그 가치가 높기에 지속적인 연구를 통해 최우수 의약품 생산기업으로 거듭나려고 노력하고 있습니다. 하지만 아직은 생산단가와 판매가가 모두 비싼 편이기 때문에 대량생산을 할 만큼 수요가 없어 유전자와 세포치

료제는 출시된 의약품 중 전체 1% 정도만 차지합니다. 하지만 앞으로 과학기술 뿐만 아니라 의료기술이 발전하여 건강하게 장수하는 삶을 살기 위해 더 좋은 치료제가 필요하기 때문에 더 많은 연구개발이 필요해요.

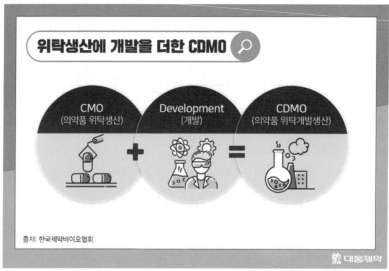

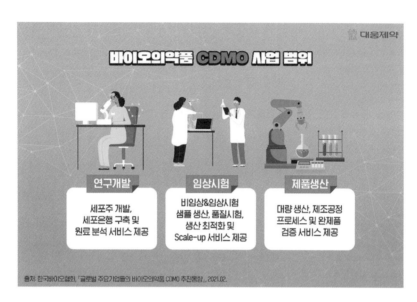

바이오의약품 CDMO 사업 범위

연구개발
세포주 개발,
세포은행 구축 및
원료 분석 서비스 제공

임상시험
비임상&임상시험
샘플 생산, 품질시험,
생산 최적화 및
Scale-up 서비스 제공

제품생산
대량 생산, 제조공정
프로세스 및 완제품
검증 서비스 제공

출처: 한국바이오협회, 「글로벌 주요기업들의 바이오의약품 CDMO 추진동향」, 2021.02.

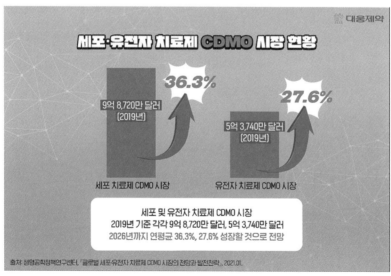

세포·유전자 치료제 CDMO 시장 현황

36.3%

27.6%

9억 8,720만 달러
(2019년)

5억 3,740만 달러
(2019년)

세포 치료제 CDMO 시장

유전자 치료제 CDMO 시장

세포 및 유전자 치료제 CDMO 시장
2019년 기준 각각 9억 8,720만 달러, 5억 3,740만 달러
2026년까지 연평균 36.3%, 27.6% 성장할 것으로 전망

출처: 생명공학정책연구센터, 「글로벌 세포·유전자 치료제 CDMO 시장의 전망과 발전전략」, 2021.01.

mRNA : (messenger RNA)로 핵 안에 있는 DNA의 유전정보를 세포질 안의 리보솜에 전달하는 RNA이다. 이 유전정보에 의해 단백질이 합성된다.

LNP(Lipid Nano Particles) : mRNA는 체내에서 쉽게 분해되기 때문에 견고한 구조물 안에서 싸여 있어야 세포 전달에 용이하다. mRNA는 DNA와 달리 전사과정을 거치지 않아도 되기 때문에 보다 직접적이고 빠르게 단백질로 발현시킬 수 있는 장점이 있다.

리포좀 : 작은 구 형태의 물질로 주머니 형태를 하고 있으며, 콜레스테롤이나 인지질 이중층이 형성되어 만들어진다. 또한 친수성과 소수성 물질로 이루어져 있어 양친매성을 띠기 때문에 미생물을 제어하는 항생물질이나 암을 치료하는 항암제의 약물전달운반체로써 각광을 받고 있다.

☑ m-RNA 백신의 활용 기술이 중요한 이유는?

m-RNA 백신은 이번 코로나19 백신으로 우리에게 잘 알려졌습니다. mRNA(메신저 리보핵산) 분야는 차세대 바이오의약품 기술로 각광받고 있어요. 다양한 종류의 질환을 예방할 수 있을 것으로 기대됨과 동시에 백신 외에도 질환 치료 등에 활용될 것으로 기대를 모으고 있지요.

mRNA 백신 기술은 1980년대에 처음 등장했어요. 특정 병원체에 대해 단백질을 발현·정제하고 제형화해 백신으로 개발하여 2020년에 처음으로 사용되었어요. 특정 병원체에 대한 백신 개발이 보통 10년에서 100년이 걸리는 데 반해 mRNA 백신은 1년이 채 걸리지 않고 개발되었어요. mRNA가 매우 손상되기 쉬운 분자이고, 음전하를 띠고 있으며, 크기가 크기 때문에 전달하기 힘들다는 단점이 있습니다. 그래서 LNP(지질 나노 분자)를 mRNA 발현 플랫폼의 전달시스템으로 사용하게 되었습니다.

mRNA 백신을 개발하는 데 있어 가장 염두에 두고 있는 점은 '안정성 최적화'예요. 단, LNP만이 mRNA 백신의 유일한 전달체는 아니기 때문에 리포좀(Liposome)을 이용한 리포플렉스(lipoplex)나 스몰 펩타이드(peptide) 등 다른 전달체를 활용하는 방법도 연구하고 있어요.

☑ mRNA 백신법은 DNA백신뿐만 아니라 아단위 백신, 사멸 및 생약독화 바이러스 백신을 뛰어넘는데요. 그 특징을 살펴볼까요?

첫째, mRNA 백신은 안전성(Safety)으로 비감염성이며, 비삽입성 플랫폼이므로 감염 또는 genomic DNA 삽입에 의한 돌연변이 유발의 잠재적 위험이 적어요. 또한 mRNA는 정상적인 세포 대사 과정에 의해 분해되며, 생체 내 반감기(In vivo half-life)는 뉴클레오사이드(Nucleoside)의 다양한 변형(Modification) 및 전달방법을 사용하여 조절할 수 있어요. 안전성을 더 증가시키기 위해 mRNA의 고유한 면역원성(immunogenicity)은 감소시킬 수 있기 때문이죠.

둘째, mRNA 백신은 효율성(Efficacy)으로 체내 흡수와 발현이 우수해요. 뉴클레오사이드의 다양한 변형은 mRNA의 안정성과 번역률(Translation yield)을 증가시킬 수 있어요. 효율적인 생체 내 전달은 mRNA를 전달(Carrier) 분자에 배합하여 세포질 내에서 빠른 흡수 및 발현이 가능한 유전체 벡터예요. 벡터에 대한 면역반응을 회피할 수 있으며, mRNA 백신을 반복적으로 투여할 수 있는 장점이 있습니다.

아단위백신(Subunit Vaccine) : 특이 항원 추출백신이라고 부른다. 병원체의 구성성분 중 면역을 유도할 수 있는 성분(항원)만을 추출해 사용하는 백신이다. 병원체의 표피나 세포막 중 일부 성분(특정 단백질 조각 등)을 이용해 능동면역을 얻는 식이라서 아단위단백질 백신(Protein Subunit Vaccine)이라고 부르기도 한다.

뉴클레오사이드 : 핵산의 기본 단위인 뉴클레오타이드(Nucleotide) 염기, 5탄당, 인산으로 구성되어 있는데, 이 뉴클레오타이드에서 인산기가 빠진 것이 뉴클레오사이드(nucleoside)이다.

유전체 벡터 : DNA 운반체(Vector)는 유전자를 편리하게 활용할 수 있도록 확보, 증식(증폭), 단백질을 발현시키는 데 이용하는 유전자 재조합기술(Recombinant DNA Technology)에 필수적으로 필요한 DNA 전달체이다. 일반적으로 사용하는 플라스미드(Plasmid)는 원형의 DNA이다. 관심 있는 표적 DNA 조각을 DNA 운반체의 특정 부위에 집어넣어 보관과 이용을 편리하게 해주는 DNA 클로닝을 할 수 있다. 클로닝된 DNA가 특정 단백질을 코딩할 수 있는 염기서열이고, DNA 운반체에 유전자 발현에 필요한 프로모터를 포함하며 전사와 번역에 필요한 인자들을 제공하면 단백질을 발현시킬 수 있다.

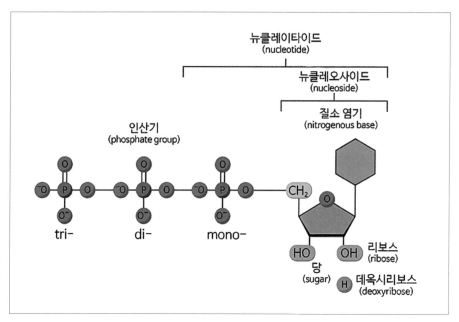

출처 : 뉴클레오타이드와 뉴클레오사이드의 모식도(생화학분자생물학회)

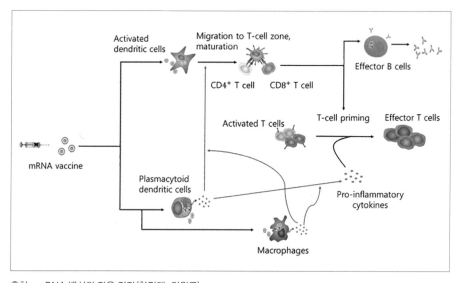

출처 : mRNA 백신의 작용 기작(한림대, 김원근)

셋째, mRNA 백신은 생산능력이 우수해요. mRNA 백신은 주로 시험관 내 전사(In vitro transcription) 반응의 높은 수확량으로 빠르게 대용량의 제조가 가능해 경제적이에요.

전사 : 단일 가닥 DNA를 주형으로 RNA가 합성되는 과정을 말한다.

mRNA 기반 암 백신 및 기타 면역요법은 악성 종양을 치료하기 위한 유망한 대안이 될 거예요. 암 백신은 암세포에서 특이적으로 발현되는 종양 관련 항원 또는 체세포 돌연변이로 인해 발현되는 악성세포의 항원을 표적으로 만듭니다. 그래서 예방보다는 암의 치료에 목적을 두고 있으며, 종양을 제거하거나 줄일 수 있는 세포 독성 면역반응과 같은 세포 매개 반응을 유도해요.

수지상 세포 : 포유동물 면역계의 항원 제시세포이다.
항원제시세포란 항원의 정보를 세포 표면에 제시하여 여러 면역 세포를 활성화시키는 세포의 총칭

직접적인 mRNA 주입은 T세포 활성화를 위한 항원 제시세포를 표적으로 효과적인 항원을 전달할 수 있습니다. mRNA가 수지상 세포에 선택적으로 흡수될 수 있어 강력한 예방효과를 얻을 수 있으며, 항종양 T세포 반응을 유도할 수 있어 치료효과가 높답니다.

02

바이오시밀러
패러다임의 변화

황반변성치료제 : 황반은 눈의 안쪽 망막의 중심부에 있는 신경조직으로 빛을 느낄 수 있는 광수용체가 밀집되어 있어 물체를 선명하게 볼 수 있게 한다. 황반변성은 황반부에 변성이 일어나는 질환으로 시력이 감소하거나 찌그러져 보이는 증상들이 나타나는 대표적인 안과질환이다. 시력장애를 유발하는 안구내의 비정상적인 혈관성장을 촉진하는 물질인 혈관내피성장인자에 길항작용하여 치료효과를 가져온다. 눈 안구의 유리체에 주사로 투여한다.

바이오시밀러는 오리지널 의약품과 동일한 기능을 수행할 수 있는 단백질 복제약이에요. 바이오시밀러는 단백질 신약의 특허 만료와 동시에 시장에 출시해 저렴하게 이용할 수 있도록 개발된 복제약이라고 생각하면 돼요.

바이오시밀러 시장은 2020년 약 3,000만 달러에서 연평균 139%씩 성장하여 2026년 54억 6,000만 달러에 달할 것으로 전망하고 있어요. 2028년까지 특허 만료 예정인 재조합 단백질 의약품 중에는 황반변성치

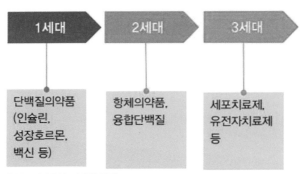

출처 : 대신증권 리서치 센터

료제 '아일리아', 관절염치료제 '오렌시아'와 항체치료제 '스텔라라' 및 '루센티스' 가 최고의 수익을 창출할 것으로 예상하고 있습니다.

의료비용이 높은 미국, 유럽 등에서 비용 절감을 위해 오리지널 의약품보다 가격이 저렴한 바이오시밀러의 수요가 증가하고 있습니다. 또한 고령화 사회 진입으로 인한 노년층 인구 및 만성질환자 수의 증가로 전반적인 의료 수요가 증가하고 있습니다.

미국 FDA는 대조약의 허가일로부터 4년이 경과한 이후에야 바이오시밀러의 허가 자료 제출을 허용하고 있으며, 바이오시밀러 기업들은 먼저 선점하기 위해 앞다투어 임상을 진행하고 있답니다.

> **대조** : 대조군(對照群) 또는 대조구(對照區)로 많이 표현하는 데 실험에서 실험군에 대해 실험 조건을 실험 전 상태에서 변동시키지 않고 그대로 두어 실험군의 결과와 자연 상태를 대조해 보기 위해 만드는 집단이다.

특징	바이오신약	바이오시밀러	바이오베터
유사성	오리지널 약	유사하지만 오리지널과 동일하지 않음	오리지널보다 우수
개발비용	20~30억 달러	1~3억 달러	2~5억 달러
약물개발기간	약 10~12년	약 5~7년	약 5~7년
규제	지금까지 미국시장에서 바이오시밀러의 상호교환 가능한 지점이 부족하여 보호됨	국가별 별도의 승인 트랙	오리지널 의약품보다 우수하므로 별도의 호환성 지정 필요 없음
의약품 가격	일반적으로 특허기간 동안 높은 가격으로 책정	오리지널 의약품의 50~80%	안전성/효능이 우수하여 바이오시밀러 대비 20~30%높음

출처 : 글로벌 바이오시밀러 시장 현황 및 전망(생명공학정책연구센터)

바이오시밀러는 약물의 유형에 따라 단일클론 항체, 재조합 단백질, 백신으로 나뉘어집니다. 단일클론 항체는 인위적으로 설계된 인간화된 단백질로 특정

단일클론 항체 : 하나의 항원결정기 (抗原決定基)에만 특이적으로 반응하는 특징을 가지고 있다.

재조합단백질 : 대장균(E.coli)이나 효모(Yeast) 같은 미생물을 주로 활용하여 세포주를 만들었는데 '미생물 유래 단백질'로 신약개발을 할 때 인체 단백질과 미세한 차이로 인해 각종 문제가 발생하여 최근에는 '포유류 세포 유래 재조합단백질' 세포주 수립 및 생산 관련 플랫폼 기술이 국내에서 처음 개발되었다.

항원을 목표로 면역반응을 유도해요. 재조합 단백질 (Reconominant protein)은 플라스미드를 통해 유전자의 분리와 복제에 의해 만들어진 단백질로, 재조합 표현 시스템에서 인코딩된 유전자의 mRNA의 번역이 재조합 단백질의 생성을 만들고 있습니다.

백신은 항체의 생성을 촉진하고 여러 질병에 대해 면역력을 제공하는 데 사용되는 물질이에요. 따라서 코로나 백신을 생산할 수 있는 능력을 갖춘 삼성바이오로직스, 코로나 치료제를 개발한 셀트리온 기업은 바이오시밀러를 제조할 수 있는 능력을 갖추었기에 세계적으로 인정받는 바이오 기업입니다.

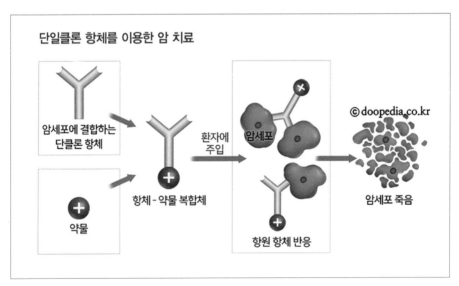

출처 : 단일클론항체(두산백과)

03

미래를 위한
바이오의약품 개발

바이오의약품은 사람이나 다른 생물체에서 유래된 단백질, 유전자, 세포 등을 원료 또는 재료로 하여 만들어진 의약품이에요. 바이오의약품은 생물유래물질이며, 합성의약품처럼 체내에서 발생되는 대사산물이 없어 독성이 낮고, 질환의 발병기전에 선택적으로 작용하여 난치성 및 만성질환 치료 효과가 크기 때문에 관련 연구가 많이 진행되고 있어요.

구분		유효성분	종류	관련기업
유전자 재조합 단백질		유전자조작 기술을 이용하여 제조하는 펩타이드 또는 단백질	성장호르몬, 인슐린, 항암제, 자가면역질환 치료제	녹십자, 셀트리온, 삼성바이오에피스, 한화케미칼 등
세포치료제		체외에서 배양, 증신, 선별, 조작한 살아있는 세포	체세포치료제, 줄기세포 치료제	메디포스트, 코오롱 생명과학, 파미셀 등
유전자 치료제		질병치료를 목적으로 하는 유전물질	DNA백신	바이로메드, 제넥신
생물학적 제제	혈액 제제	혈액을 원료로 하는 혈액성분 제제와 혈액분획제제	적혈구, 혈소판, 혈장, 알부민 등	녹십자, SK케미칼 등
	백신	감염병, 일반질환의 예방 등을 목적으로 하는 단백질 또는 미생물체	인플루엔자백신, 폐렴구균백신, 한타바이러스백신, 코로나백신 등	녹십자, SK케미칼, LG생명과학, 일양약품 등

출처 : 한국바이오의약품 협회, 식약처

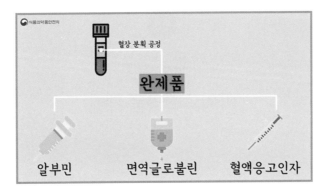

출처 : 혈액제제(식품의약품안전처)

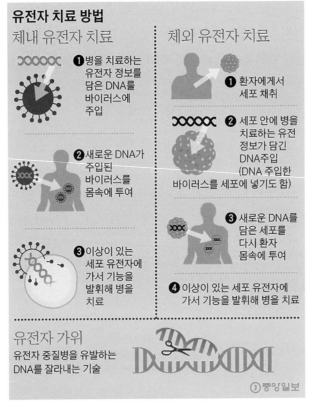

출처 : '유전자 치료연구 규제' 1년 논의 끝에 풀었다(중앙일보)

유전자치료제는 질병 치료 등을 목적으로 결핍 및 결함된 유전자를 대체, 수정, 보강 및 증폭시켜 인체에 투입하는 의약품이에요. 유전자치료제는 치료용 유전자와 유전자 전달체(벡터)로 구성되어 있어요. 유전자치료는 전달 방식에 따라 체외(Ex vivo), 체내(In vivo) 방식이 있습니다.

많은 바이오 벤처기업에서 이를 연구하며, 국내 또는 외국기업과 협력하여 개발하는 데 목적을 두고 있습니다. 그리고 관련 기술을 수출하여 기술 수출료와 판매 후 이익금을 러닝 개런티(Running guarantee) 형태로 받아서 진행하는 경우도 있습니다.

> **러닝 개런티** : 흥행 결과에 따라 개런티를 지급받는 방식이다. 러닝 개런티가 일반화되면 개발비 상승이 둔화되고 수익에 따른 배분이 이루어짐으로 합리적인 분배 구조를 정착시키는 데 유익하다는 공감대가 형성되고 있어 최근 각광받고 있다.

최근 바이오 트랜드 알아보기

① 뇌의 홀로그램 (Holograms in the brain) 활용성

특정 뇌세포 및 회로 활동을 제어하는 기술인 광유전학(Optogenetics)은 2005년에 등장한 이후 신경과학 분야에서 큰 반향을 일으켰으며, 이후에도 바이오 연구에서는 더 큰 역할을 하고 있습니다.

광유전학으로 특정 유형의 뉴런을 조작할 수 있지만 여전히 서로 어떻게 통신하는지 세포를 분석하는 데 어려움이 있어요. 이러한 단점을 해결하기 위해 새로운 빛에 반응하는 단백질을 개발하고 있습니다. 동시에 살아있는 조직의 고해상도 이미징 기술, 단일뉴런을 조작할 수 있는 홀로그래피 등 광학적 접근방식이 발전하면서 뉴런을 3차원의 복잡한 시간 패턴으로 정밀하게 분석할 수 있습니다.

기존에는 관련 노하우를 가진 전문 실험실에서만 연구가 가능했으나, Bruker 및 3i와 같은 현미경 회사가 **2-광자**(Two-photon) 이미징 시스템에 홀로그래피를

2-광자 : 물질의 상태가 전이될 때 2개 이상의 광자가 흡수 또는 방출되는 것을 말한다.

통합한 장비를 제공함에 따라 신경과학자들이 보다 정교하게 뉴런을 연구할 수 있게 되었답니다.

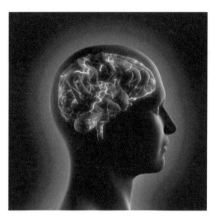

출처 : 복지TV부울경방송 _ 홀로그램 뇌

② 더 우수한 항체(Building better antibodies) 연구 필요성

항체는 1990년대 중반부터 치료제로 사용되어 왔지만, 항체구조가 기능에 어떻게 영향을 미치는지 알게 되면서 그 잠재력이 더욱 커졌습니다.

대부분 항체치료제는 바이러스 또는 종양세포 표면의 특정 표적에 결합하는 규칙적이고 변형되지 않은 형태로 남아 있어요. 이런 항체는 표적물질을 제거하기 위해 면역세포와 결합하기에는 효과적이지 않습니다. 그렇기 때문에 분자생물학의 발전으로 항체를 신속하게 변형시켜 면역체계를 더 잘 활용해 치료제를 개발하려고 노력하고 있답니다.

이를 위해 빠르고 효율적인 분자복제 방법인 PIPE(Polymerase Incomplete Primer Extension) 플랫폼을 활용하여 항체에 점 돌연변이를 도입하여 기능이 우수한 항체를 제작하고 있습니다. 또 다른 접근방법으로 대부분 치료용 항체는 **IgG** 기반이나, 강력한 면역반응을 기대할 수 있는 **IgE** 기반의 항체 치료제를 개발하고 있어요.

항체는 다양한 표적을 대상으로 거의 모든 질병에 적용이 가능하다는 장점을 가지고 있어요. 그러다보니 암, 면역, 알레르기뿐만 아니라 코로나19를 포함한 감염병 치료제로도 가능하여 관련 연구들을 확장하고 있습니다.

IgG : 항체단백질의 하나로, 혈액 중에 가장 많이 함유된 면역글로불린이며 다양한 항원에 대한 항체를 가지고 있다.

IgE : 항체단백질의 하나로, 천식이나 화분증(꽃가루병, Pollinosis), 아나필락시스반응(초과민반응, Anaphylactic reaction) 등에 관여하는 역할을 한다.

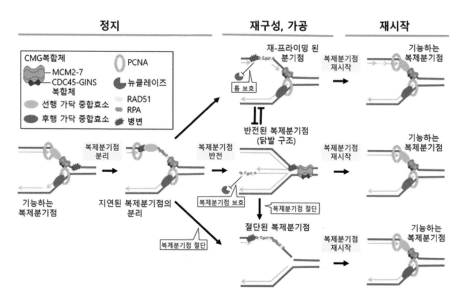

출처 : 임상적으로 연관된 유전 독성 스트레스에 대한 DNA 복제분기점의 가소성_서울대(김은경)

③ 3가지 새로운 단일세포 시퀀싱기술(The single-cellpower of three)의 발달 필요성

인체세포의 다양한 기능은 모두 단일세포와 단일게놈에서 시작해요. 배아발달 초기단계에서 이러한 현상을 분석할 수 있는 3가지 새로운 단일세포 시퀀싱기술에 기대하고 있어요.

하나는 게놈의 3D구조를 연구하는 방법인 Hi-C를 사용하여 마우스 배아의 단일세포에서 모성 및 부계 염색체를 검사하는 연구예요. 이 기술로 수정 직후에 게놈이 혼합되지 않는다는 결과를 얻게 되었답니다.

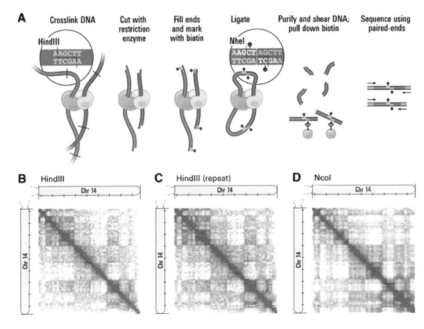

출처 : 세포생물학_Hi-C

또한 CUT & Tag 기술은 게놈의 특정 생화학적 '표지(Marks)'를 추적하여 화학적 변형이 개별 라이브 세포에서 유전자를 켜고 끄는 방법을 연구하는 데 도움을 주고 있어요.

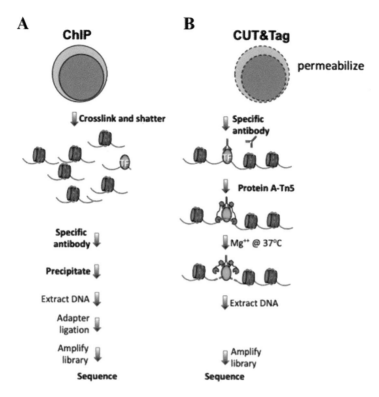

면역 침전과 항체 표적 염색질 프로파일링 전략 간의 차이점
A. ChIP-seq 실험 절차 B. CUT&Tag 실험 절차.
세포와 핵은 회색으로, 염색질은 빨간색 뉴클레오솜으로, 특정 염색질 단백질은 녹색으로 표시됩니다.

출처 : nature protocols

SHARE-seq는 두 가지 시퀀싱 방법을 결합하여 전사 활성화 분자가 접근 가능한 게놈 위치를 확인하는 기술이에요. 이러한 도구와 기술을 발달 중인 배아에 적용함으로써 게놈 구조의 특정 기능이 세포 운명을 어떻게 결정하는지 로드맵을 만드는 데에 기여할 수 있답니다.

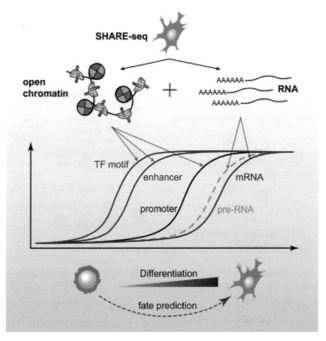

출처 : Sciencedirect.com

④ 세포의 힘 측정(Feeling the force) 기술

세포는 물리적 힘을 감지하여 유전자 발현, 증식, 발달 및 암을 조절하는 등 세포에 관한 힘은 그 효과만 관찰할 수 있었어요. 그러나 2개의 최첨단 도구를 사용하여 살아있는 세포의 힘을 시각화하고 조작함으로써 이전에는 알 수 없었던 물리적 힘과 세포기능 간의 관계를 연구할 수 있습니다.

Imperial College London에서 개발된 GenEPi는 두 분자를 융합한 기술로, Piezo1이라고 불리는 이온 채널은 칼슘 이온의 움직임을 통해 세포막의 장력을 감지하고, 두 번째 분자는 이온이 칼슘에 결합할 때 형광을 발하여 힘을 감지할 수 있는 기술이에요.

이전에는 물리적 프로브(Probe) 또는 기타 침습적
인 방법으로 힘이 세포에 미치는 영향을 연구했지만
GenEPi를 사용하면 생리학적으로 온전한 세포 상태
에서 연구를 할 수 있게끔 기술이 개발되었어요.

세포질 칼슘을 광범위하게 모니터링하는 이전 센서와 달리 GenEPi는 Piezo1
을 통한 힘 감각과 관련된 칼슘 활동만 측정하기 때문이에요.

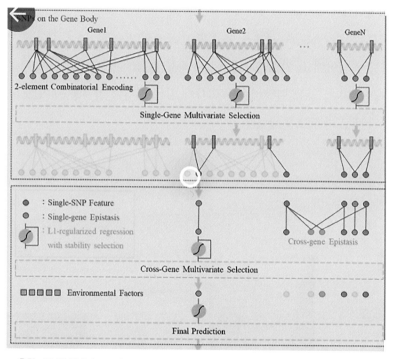

출처 : BMC Bioinformatics

두 번째 도구인 ActuAtor는 병원성 박테리아인 Listeria monocytogenes의 단
백질 ActA를 사용할 수 있어요. 박테리아가 포유류 숙주세포를 감염시킬 때

ActA는 숙주의 단백질 합성 시스템을 이용하여 액틴을 만들어내는데, 이것은 박테리아를 밀어내는 힘을 발생해요.

또한 ActuAtor는 살아있는 세포에서 세포기관을 타겟팅하여 비침습적으로 측정하는 최초의 도구 중 하나로 평가받고 있습니다.

⑤ 임상 현장에서의 질량분석

질량분석(Mass spectrometry)은 복잡한 시료에서 분자를 높은 감도로 빠르게 분석하는 기술이에요. 기초연구에서는 조직을 더 깊이 분석하기 위해 기술이 고도화되고 있지만, 임상 현장에서는 의사가 임상 결정에 활용할 수 있도록 단순화되는 추세로 바뀌고 있답니다.

MALDI(Matrix-Assisted Laser Desorption / Ionization)는 조직분석에 사용되는

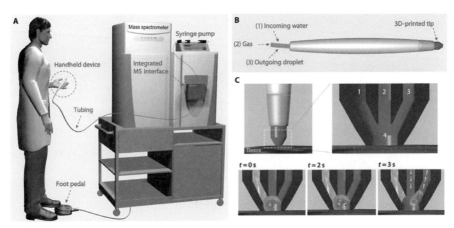

출처 : ResearchGate_MasSpec Pen

유용한 질량분석 이미징 기술이지만, 조직에서 분자를 추출하고, 진공 상태가 아닌 곳에서도 이온화할 수 있는 기술이 필요했어요. 드디어 2017년에 진공상태가 아닌 일반 대기에서 분자를 이온화할 수 있는 MALDI 시스템을 개발했답니다.

이러한 다중모드 기능을 통해 더 큰 분자와 조직학적 정밀도로 숙주-미생물 상호작용 및 대사변화를 분석할 수 있습니다. 정상조직과 종양조직을 구별할 수 있는 대사산물에 중점을 두어 외과의가 종양조직과 그 경계를 식별하는 데 도움이 되는 휴대용 질량분석시스템인 MasSpec Pen을 제작했답니다.

⑥ 냄새로 질병 포착하기(Sniffing out sickness)

코로나19를 포함하여 질병이나 환경위험에 관한 가스 혼합물을 감지하기 위해 인간의 후각을 모방하는 기술을 개발 중이에요. 시각, 청각 및 촉각과 달리 냄새에 대한 화학센서는 매우 복잡하고 민감해요. 후각은 미량 농도에서 수백 또는 수천가지 화학물질의 혼합물을 감지할 수 있지요.

인공후각 차세대 기술 중 하나로 이중층으로 센서를 설계하여 가스 감지 재료의 다양성을 높이기 위한 기술들을 연구하고 있어요. 예를 들어, 10개의 서로 다른 감지물질 각각을 10개의 촉매층으로 코팅해 각 물질의 가스 감지 특성을 미세 조정한 뒤, 100개의 서로 다른 센서를 제작하여 감지능력을 높였답니다.

또 다른 기술은 후각 센서가 빠르게 반응을 전달하도록 하는 전략으로, 햇빛을 많이 흡수해 광합성 작용을 활발히 하도록 표면적이 넓은 자연의 계층모델을 모방한 다공성의 센서를 제작하고 있어요.

인공후각 기술은 천식 환자의 호흡에서 더 높은 농도의 산화질소를 감지하는 의료 진단뿐만 아니라 대기오염 모니터링, 식품품질 평가 및 식물호르몬의 신호를 기반으로 한 스마트 농업에도 응용 가능할 정도로 활용도가 높답니다.

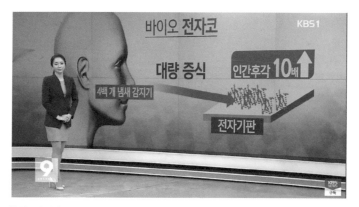

출처 : 삼성디스플레이 뉴스룸

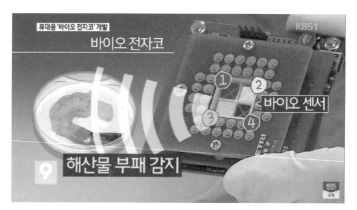

출처 : 삼성디스플레이뉴스룸

04

바이오 및
제약 계약학과

구분	학교명
고등학교	한국바이오마이스터고(충북 진천)
	용인바이오고(경기 용인)
	발안 바이오과학고(경기 화성)
	인천 바이오과학고(인천 연수)
	장성하이텍고 바이오기술과(전남 장성)
전문대학	폴리텍대학 바이오캠퍼스(충남 논산)
	폴리텍대학 분당융합기술교육원 생명의료시스템과(경기 성남)
	인천재능대학 송도바이오과(인천 송도)
	유한대학 유한생명바이오학과(경기 부천)
	안동과학대학 혁신신약과(경북 안동)
	대구보건대학 맞춤형 헬스케어과(대구 북구)
대학교	건국대 줄기세포재생공학과
	경희대 생체의공학과
	성균관대 바이오메카트로닉스학과
	인천대 생명공학부
	인하대 생명공학과
	전북대 바이오메디컬공학부
	차의과학대 바이오공학과
	한국외대 바이오메디컬공학부

한국바이오마이스터고 : 137개 유수 기업체와 산학협력 협약을 맺고 있는 학교 예요. 2021년에 ㈜제뉴원사이언스와 인재 육성, 취업 기회 제공을 위한 산학협력 협약을 체결했습니다. 제뉴원사이언스는 한국콜마 제약사업부와 콜마파마를 인수해 탄생한 합성 의약품 CDMO(항체 바이오의약품 위탁 생산, 위탁 개발) 전문 기업으로 국내 제약사 중 80%를 파트너사로 보유하고 있지요.

산학 협약 체결로 마이스터고 바이오제약과 학생들은 제뉴원사이언스 품질 관리, 제조 분야 현장실습을 하고 평가에 따라 정규직 전환도 가능하기 때문에 한번쯤 도전해 보는 것도 좋겠지요?

인천재능대학 송도바이오과 : 2학년 1학기 15주 동안 11주에 걸쳐 CEO 특강을 시행하며, 4주는 취업특강을 시행하는 프로그램이 있습니다. 산학협약과 현장실습을 통한 현장실무 맞춤형 교육이 가능한 구성으로 전문인재를 양성하고 있지요.

인천테크노파크 바이오공정인력양성센터는 글로벌 바이오 전문인력 양성기관인 '바이오공정 인력양성센터(연세대 국제캠퍼스)' 구축사업을 수행하고 있습니다. 더불어 우수 의약품 제조 및 관리(GMP, Good Manufacturing Practice) 수준의 실습시설 구축과 선진 바이오공정 교육시스템을 도입함으로써 2024년부터 GMP현장실무 능력을 갖춘 전문 교육생 연간 2,000명 배출을 목표로 하고 있답니다. 아울러 실무교육을 통해 바이오 기업에 취업을 희망하는 교육생에게는 맞춤형 취업 연계를 지원하고, 바이오 기업에게는 우수한 전문 인력을 지속적으로 공급하고 있어 학생들의 취업률이 높은 편입니다.

건국대학교 줄기세포공학과 : 줄기세포, 단백질 의약품 개발, 동물복제, 바이오장기, 게놈분석, 생물정보분석, 세포 기반 신약개발, 질병 제어 등에서 최고 인재를 양성하기 위해 노력하고 있습니다. 교수진 역시 내분비학, 분자발생학, 분자세포생물, 신경면역학, 줄기세포, 포유동물유전체학 등 분야의 전문가들로 구성돼 학생들에게 체계적인 교육을 제공하고 있답니다.

경희대학교 생체의공학과 : 의학과 생물학이 개별 학문으로서 해결하지 못했던 의료 분야 난제를 해결하기 위한 융합학문 학과로 질병의 진단과 치료부터 예방, 재활에 필요한 시스템, 의료정보 등까지 다양한 분야의 지식을 습득할 수 있습니다. 경희대는 나노바이오공학, 생체계측, 생체시스템제어, 생체유체공학, 신경공학, 신경생리학, 신호와 시스템, 의공생명과학, 의료영상시스템, 인체생리학, 한의지식공학 등 의료시스템 전 분야에 걸친 교과목을 개설하고 있습니다.

성균관대 바이오메카트로닉스학과 : 생명공학, 기계 및 전자공학을 융합하는 학과로 기초역학, 응용컴퓨터프로그래밍, 바이오전기전자공학을 바탕으로 바이오·마이크로가공기술, 생체역학, 시스템자동화공학, 응용열역학, 응용재료역학 등을 학습할 수 있어요. 최근 5년간 졸업생들은 바이오산업에 활용 가능한 폭넓은 역량으로 취업률에서 꾸준한 성장세를 보이는 특성화학과예요.

한국외대 바이오메디컬공학부 : 자연과학과 공학을 결합한 학문을 통해 현대사회가 요구하는 수명연장, 삶의 질을 높여주는 연구를 해요. 한독회사와 의생명공학 분야 연구협력 및 산업인력 양성를 하고 있으며, 분당서울대병원과 의료기기 연구개발센터 및 의료연구기기 연구개발·임상시험 능력을 키울 수 있어 이론뿐만 아니라 현장 경험 능력까지 겸비할 수 있답니다. 이를 바탕으로 졸업생들은 의료영상시스템/바이오시스템 개발, 의료영상 분석 알고리즘 개발, u-헬스케어 시스템 구축, 의료용 로봇 등의 기기 개발 등 다양한 분야에서 활약하고 있어요.

05

바이오 교육과정

① 성균관대 생명과학과

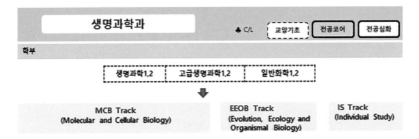

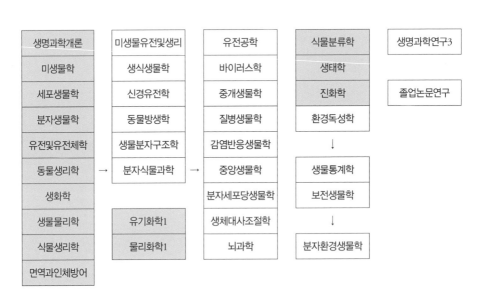

생명과학개론	미생물유전및생리	유전공학	식물분류학	생명과학연구3
미생물학	생식생물학	바이러스학	생태학	
세포생물학	신경유전학	중개생물학	진화학	졸업논문연구
분자생물학	동물방생학	질병생물학	환경독성학	
유전및유전체학	생물분자구조학	감염반응생물학	↓	
동물생리학 →	분자식물과학 →	중앙생물학	생물통계학	
생화학		분자세포당생물학	보전생물학	
생물물리학	유기화학1	생체대사조절학	↓	
식물생리학	물리화학1	뇌과학	분자환경생물학	
면역과인체방어				

생명과학과라고 해서 물리를 안 배워도 된다고 생각하는 학생이 많은데 물리화학이 필수과목으로 지정되어 있습니다. 그리고 교육과정을 보면 분자단위 생명을 연구하는 분야와 환경생물학을 중점으로 배운다는 것을 확인할 수 있어요. 이런 교육과정을 참고하여 학생이 원하는 진로를 이룰 수 있는 학과인지 파악하는 것이 중요해요.

또 본과는 '열린 세미나'라는 이름으로 다양한 세미나 수업들이 많이 진행되고 있습니다. 최근에는 미국 뉴욕대 의대 임은주 박사님의 다운증후군, 알츠하이머 치매, 파킨슨 병 등 뇌질환에서 리소좀이나 기타 세포 소기관의 영향을 세포분자생물학적 방법으로 규명하고 이를 통해 치료법을 탐색하는 연구에 관련된 강연이 있습니다.

그 외에도 서울대학교 생명과학부 고준석 교수님의 핵막에 위치하여 세포질과 핵 사이에서 Molecular transport를 담당하는 NPC 내의 구조 변화에 대한 수업 등 세미나를 통해 다른 대학의 교수님들이 연구하는 분야를 공부할 수도 있어요.

② 건국대 줄기세포재생공학과

독특한 학과 이름처럼 줄기세포에 대한 내용과 이를 활용한 연구를 할 수 있는 학과예요. 그런데 본과의 학생들은 학부생부터 실험실에 들어가서 활동을 해야 본인이 하고 싶은 연구를 할 수 있습니다. 단순히 수업만 참여한다면 줄기세포를 책으로만 배운다는 느낌이 들어 기대만큼 대학생활이 재미있지 않을 것 같아요.

다른 대학과는 달리 특별한 실험실도 많아요. 발생공학, 생식세포재생, 응용면역학, 포유동물유전체학, 분자세포 리프로그래밍, 재생생물학, 줄기세포발생학, 바이오조직공학, 후성유전체, 전사조절, 분자발생유전공학 연구실 등이 있습니다.

발생공학 연구실의 경우에는 돼지배아 연구팀과 바이오장기 연구팀으로 나뉘어져 있어요. 그 외 연구실도 다양한 분야에서 연구가 가능할 수 있도록 구성되어 있습니다.

1-1	1-2	2-1	2-2	3-1	3-2	4-1	4-2
전공기초생물학	세포생화학	의생명미생물학	생식세포학	줄기세포연구종합설계	화장품공학입문		
				발달생물학		줄기세포생물학	신경생물학
		세포구조생물학	세포기능생물학		의생명공학 및 실습		
줄기세포재생공학산업	동물유전학			재생생명과학 및 실습		논문작성법	의생명산업세미나
	인체생리학			질병과 생체방어 및 실습			
						생체조직공학	실험동물학
전공기초실험1	전공기초실험2	유전체생물학	재생의학연구종합설계	의생명정보학			바이오센서공학

출처 : 바이오장기 연구팀_건국대 줄기세포재생공학과

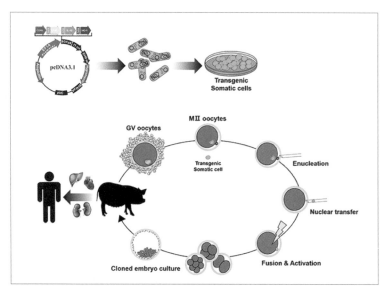

출처 : 돼지배아 연구팀_건국대 줄기세포재생공학과

③ 가톨릭대 의생명공학과

출처 : 가톨릭대 홈페이지

1학년		2학년		3학년		4학년			
1학기	2학기	1학기	2학기	1학기	2학기	1학기	하계 계절학기	2학기	동계 계절학기
공통									
일반생물학1(3)	일반생물학2(3)						산학협력실습(3)		
일반화학및실험1(3)(화학과목)	일반화학및실험2(3)(화학과목)						전문연구인력양성실습(3)		전문연구인력양성실습(3)
과학철학과생명윤리(3)	의생명과학개론(3)(팀티칭)					산업인력양성프로그램(3)			
일반생물학실험1(1)	일반생물학실험2(1)								
분자의학생명공학 진로로드맵(Molecular & Medical Biotechnology track: MMB track)									
		생화학1(3)	생화학2(3)	기초의학총론1(3)	기초의학총론2(3)	유전자치료제(3)		임상설계(3)	
		의학용어론(3)	의학분자생물학(3)	의학생명정보학(3)	의학생명정보 프로그래밍(3)	당생물학(3)		바이오시밀러 개발론(3)	
		의학미생물학(3)	단백질체학(3)	생리활성천연물학(3)	종양학(3)	일반독성및비임상설계(3)		나노공학(3)	
		보건의료통계학(3)	나노생체재료(3)	의학생명공학실험2(세포배양)(1)	줄기세포생물학	항체치료제및생산(3)		백신학(3)-격년	
		의학생물유기화학(3)	의학생명공학실험1(생화학)(1)	의학분자진단학(3)	의학생명공학실험3(실험동물)(1)	면역치료제(3)		신약개발특론(2)	
			유전질환개론(3)	면역학(3)	분자바이러스(3)-격년			분자모델링 기반 신약 개발	
			세포기전학(3)	줄기세포연구종합설계(3)-격년					
				생체분자구조생물학(3)-격년					
유전체-생물정보 진로로드맵(Genome & Biological Information track: GBI track)									
		기초세포생물학(3)	진화생물학(3)	유전체학(3)	식물분자생명과학(3)	시스템생물학(3)		식물바이오텍(3)	
		분자계통분류학(3)	동물발생학(3)	식물생리학(3)	생명정보학(3)	생태학(3)		신경생물학(3)	
		현대식물학-격년(3)	유전학(3)	유전체생물정보이론및실습1(유전-분자생물)(2)	유전체생물정보이론및실습2(유전체분석)(2)	분자내분비학(3)		식물-미생물상호작용(3)	
		현대동물학-격년(3)		분자생물학(3)					

본과는 기초 학문과 응용 학문을 조화롭게 융합하여 질병 치료 및 약물 개발을 목적으로 하는 학과예요. 레드 바이오(세포 치료제, 면역 치료제, 백신, 단백질 의약품, 항체 의약품, 바이오시밀러, 천연물 의약품, 유전자, 줄기세 치료제 등)와 그린 바

이오(식물 바이오텍, 생물 정보학 등) 관련 수업을 중점적으로 운영하고 있어요. 이 중 연구하고 싶은 분야가 있으면 도전해 보는 것도 좋습니다.

또한 가톨릭대학교는 의대 교수님과 협업을 통해 다양한 연구를 진행하고 있답니다. 의생명공학과는 분자의학생명공학전공과 유전체-생물정보전공을 특화해서 배울 수 있기에 보다 심층적인 내용을 배울 수 있다는 장점이 있어요. 먼저 어떤 쪽에 관심이 있는지 파악하고 지원하면 더 재미있는 대학 생활을 할 수 있겠죠.

④ 경희대 생체의공학과

1-1	1-2	2-1	2-2	3-1	3-2	4-1	4-2
						생체의공학 특강1	생체의공학 특강2
	생체의공학 개론					의료기기 법규와 인증	생체의공학과 경영
					바이오 기기분석	생체 유체공학	생체소재
일반생물	일반화학	의공생명과학	인체생리학	신경과학	생체신호 계측 및 실습	한의지식공학	침구과학
				생체계측	생체시스템 모델링	신경공학	
물리학1	물리학2	전자기학	기초 전자회로	응용전자 회로		생체시스템 제어	나노바이오 공학
			생체의공실험	응용전자 회로	생체의공학 종합설계	의료영상 시스템	
		기초 프로그래밍		컴퓨터구조 및 응용		창의적 종합설계1	창의적 종합설계2
미적분학1	공학수학1	공학수학2	확률 및 통계	신호와 시스템			의공해석 프로그래밍

생체라는 말이 들어가서 생명공학을 배울 것이라고 생각할 수 있는데, 생체의 공학과는 의료기기와 생체소재, 나노바이오로봇 등을 개발하는 학과예요. 따라서 물리학과 전자기학, 응용전자재료, 프로그래밍 등의 수업도 잘해야 해요. 이런 능력을 갖춘다면 미래 유망한 의료기기를 개발하는 데 도움이 되기에 취업도 잘 될 뿐만 아니라 창업에도 도움이 됩니다.

본과에서 공부하는 내용을 자세히 살펴보면,

㉠ 뇌기능 분석을 넘어 조절을 위한 뇌공학을 배울 수 있어요. 뉴로이미징, Photoacoustic neuron modulation(광-초음파 기반의 신경 제어) 및 신경생리학과 Neuron-on-a-chip을 공부할 수 있어요.

㉡ 단일분자 수준의 초고감도 질병검출을 위한 나노광학에서는 플라즈모닉 공명시스템과 나노구조 공정개발을 배워 현장에서 사용할 수 있어요.

㉢ 질병 진단을 넘어 불치병 치료에 도전하는 나노바이오공학으로 나노바이오공학, 생체유체공학, 줄기세포 배양기술 등 전문적인 분야를 공부해요.

㉣ 질병의 고화질 진단을 위한 의료영상 분야로 다양한 의료기기들을 배워요.

이처럼 다양한 공부를 할 수 있기에 인기가 높은 학과예요.

06

약학·제약공학과를 위한
과목 선택

2022 개정교육과정에서는 융합선택과목, 진로선택과목으로 세분화되어 자신이 전공하고자 하는 분야에 대해 깊이 배울 수 있도록 선택과목의 폭을 넓혔습니다.

교과	선택과목		
	일반선택	융합선택	진로선택
국어	화법과 언어 독서와 작문 문학	독서 토론과 글쓰기 매체 의사소통	주제탐구 독서 문학과 영상
수학	대수 미적분Ⅰ 확률과 통계	실용통계 수학과제 탐구	미적분Ⅱ 기하 인공지능 수학 심화수학Ⅰ, Ⅱ 고급수학Ⅰ, Ⅱ
영어	영어Ⅰ 영어Ⅱ 영어독해와 작문	실생활 영어회화 미디어 영어	영어 발표와 토론 심화영어 심화영어 독해와 작문
사회	사회와 문화 현대사회와 윤리	역사로 탐구하는 현대세계 사회문제 탐구 윤리문제 탐구	도시의 미래 탐구 법과 사회 윤리와 사상 인문학과 윤리

		과학의 역사와 문화	세포와 물질대사
과학	물리학 화학 생명과학	과학의 역사와 문화 기후변화와 환경생태 융합과학 탐구 화학실험 생명과학실험	세포와 물질대사 생물의 유전 화학반응의 세계 과학과제 연구 고급생명과학 고급화학
교양	논리학 철학 심리학 보건 진로와 직업 논술		가정과학 지식재산 일반

☑ 제약공학과를 희망하는 경우 고등학교 때 어떤 과목을 꼭 들으면 좋을까요?

약학·제약공학과를 지원하기 위해 화학이나 생명과학이 중요하다는 것은 누구나 알고 있어요. 하지만 다른 과목들은 왜 선택해야 하는지, 본인의 진로와 어떤 관련이 있는지 모르고 선택하거나 잘못 선택하는 경우가 있어요. 지금부터는 약학·제약공학과를 희망하는 학생이 어떤 융합과목과 진로선택과목을 수강하면 좋을지 알아봅시다.

약학과의 경우는 상위권 학생들이 많이 지원을 해요. 그러다 보니 수학 진로선택과목의 경우 심화수학 I, II뿐만 아니라 고급수학 I, II까지 듣는 경우가 있어요. 이는 수학적 학습 역량이 많이 요구되고 있기 때문이지요. 특히, 학생들이 낯설어하는 인공지능 수학이 있어요. 이 과목을 이수하면 어떤 점이 좋을까요? 인공지능 수학의 경우는 인공지능이 자료를 수학적으로 표현·분류·예측하여 최적화를 통해 합리적으로 의사결정을 하는 과정을 익힐 수 있어요. 이 책의 앞부분에서도 많이 언급을 했지만, 신약개발의 경우 기존의 보유된 많은 데이터를 활용하여 더 빠르고, 부작용이 없는 안전한 약을 환자 맞춤형으로 제공하기 위해서 필요한 지식이라고 생각하면 좋아요. 어쩌면 고등학교 때 배우는 인공지능 수학은 대학이나 연구실에서 꼭 필요한 데이터분석을 위한 공부가 될 것이며, 관련 탐구활동을 할 수 있는 기회를 제공할 것입니다.

그럼 인문학과 윤리는 왜 수강해야 할까요? 이 과목은 어쩌면 인공지능 수학 과도 관련이 있을 수 있어요. 인공지능의 발달로 인해 생명·공학적 윤리 문제는 계속 해결되지 못한 문제로 남아 있어요. 학생들의 토론 주제에도 매년 나온다 는 것도 다들 알고 있는 사실이죠. 그래서 우리는 AI 기술이 인간들과 어떻게 조 화롭게 영위할 수 있는지, 그 방법론을 인문학에서 찾으려고 해요. 이렇게 인공 지능의 진화에 따라 인문학이 대두되면서 구글과 같은 플랫폼 기업들도 윤리팀 을 따로 구성할 정도로 관련 지식이 필요해요. 이처럼 약학·제약공학과를 지원 하는 학생들은 자신의 진로와 관련된 윤리 문제를 인문학적으로 탐구할 기회를 가지면 좋습니다.

화학실험이나 생명과학실험 과목은 책이나 논문을 통해서 알게 된 지식을 탐구활동으로 검증할 수 있는 기회를 가질 수 있고, 탐구능력을 키울 수 있어 적극 추천합니다. 특히, 대학교 1학년부터 일반화학 및 실험, 일반생물학 및 실 험을 하기에 미리 익숙해질 필요도 있어요. 또한 실험과정에 실수하거나, 만족할 만한 결과를 얻지 못하더라도 그 원인을 분석하고 문제점을 해결하는 과정을 통 해 한층 성장하는 모습을 보여줄 수 있기에 대학에서 좋은 평가를 받을 수 있습 니다.

이렇게 다양한 실험을 해 본 친구들이 과학과제탐구라는 과목을 선택하여 한 학기 동안 본인이 하고 싶은 실험을 직접 설계하면서 깊이 탐구하는 모습을 보여준다면 심층 탐구역량을 키울 수 있을 것입니다.

07

바이오 관련
재미있는 탐구활동

① 아카시아나무와 공생 개미의 공존과 수액의 상관관계 탐구

아카시아는 공생 개미가 없어도 속이 빈 가시를 만들었지만, 보상으로 주는 음식은 달랐습니다. 공생 개미가 있는 아카시아가 수액을 75% 더 분비했는데요. 놀랍게도 이 수액은 게으른 개미에게 더 많이 돌아갔습니다. 부지런한 스피니콜라 개미가 있는 아카시아는 나뭇잎 아래쪽에서만 수액을 분비했지만, 게으른 크리노사 개미가 있는 나무는 나뭇잎 끝부분에서도 추가로 수액을 분비했어요. 게으른 개미가 더 많은 보상을 받는 셈입니다.

→ **다른 공생관계에 있는 사례 조사하기**

기사명		관련 영역	
주제명			
읽게 된 동기			
탐구 내용			
느낀 점			
추후 심화 활동			
학생부 브랜딩			

② 음수량과 뇌세포 및 비만 세포 사이의 상관관계 탐구

미국 LA의 한 학교 학생들은 음료수 자판기를 없앤 뒤 물 마시는 양이 늘어나면서 전체적으로 학습능력이 늘어났습니다. 전문가들은 몸에 수분이 충분한 것은 뇌세포가 건강하다는 뜻이고, 그만큼 두뇌 회전이 잘 돼 주의력과 집중력이 향상된 것이라고 분석하고 있습니다.

음료수 대신 물을 마시면서 체지방이 감소한 사례도 있습니다. 구리 교문중학교 학생들은 코웨이에서 진행한 '물 마시기 프로젝트'를 통해 약 6개월 동안 음료수 대신 물을 마셨는데요. 6개월 동안 매일매일 하루 물을 8잔씩 마시며 물 성장 일기도 직접 썼습니다. 그 결과, 콜레스테롤과 체질량지수, 비만의 지표인 체지방이 감소했다는 사실을 확인할 수 있었습니다.

→ 물마시기 운동 실천 후 변화 조사하기

기사명		관련 영역	
주제명			
읽게 된 동기			
탐구 내용			
느낀 점			
추후 심화 활동			
학생부 브랜딩			

③ 천연색소의 배신

천연색소는 알레르기 반응이나 해로운 것이 없을 거라고 생각하는 사람이 많습니다. 바나나 우유에 들어가는 '치자황색소'라는 물질은 식용이 아닙니다. 딸기 우유에 들어가는 '코치닐색소'는 벌레에서 뽑아 만든 색소입니다.

미생물을 이용해 카로티노이드계 색소 3종과 비올라세인 유도체 계열의 색소 4종을 만들었는데요. 카로티노이드 계열 색소인 아스타잔틴은 빨강, 베타-카로틴은 주황, 제아잔틴은 노란색을 만들었고, 비올라세인 유도체 계열 색소인 프로비올라세인은 초록을, 프로디옥시비올라세인은 파랑을, 비올라세인은 남색을, 디옥시비올라세인은 보라색의 색소를 만들었습니다. 포도당이나 글리세롤을 먹여 배양한 대장균이 생산하는 색소는 친환경적이며, 약물로도 사용되는 만큼 건강에 대한 우려도 해소할 수 있습니다.

→ 우리 주변에 있는 식물 기반 천연색소 탐구하기

기사명		관련 영역	
주제명			
읽게 된 동기			
탐구 내용			
느낀 점			
추후 심화 활동			
학생부 브랜딩			

④ 미세먼지 배출에 효과적인 구강 호흡

조선대의대 예방의학교실에서 2017년 지역사회건강조사 자료를 기반으로 65세 이상 6만 7,417명을 대상으로 살고 있는 지역의 초미세먼지 농도와 우울증 발생률을 분석했습니다.

분석 결과, 초미세먼지 농도가 0~22㎛/㎥인 지역에 사는 노인에 비해, 25~36㎛/㎥인 지역에 사는 노인들의 우울증 발생 위험이 1.5~1.66배까지 치솟았습니다. 또한 연구팀은 초미세먼지 농도가 높은 곳에 사는 노인일수록 우울증 유병률이 유의하게 증가하는 결과를 확인했는데요. 초미세먼지는 물질 가운데 중금속을 많이 함유하고 있으며, 60%가량은 이틀이 지나도록 폐에 남았고, 폐 속 초미세먼지가 완전히 배출되기까지는 일주일 이상 걸렸습니다. 따라서 코로 숨 쉬는 것보다 입으로 숨 쉬는 것이 미세먼지 배출이 더 잘되며, 우울증 등 추가적인 질병으로부터 보호받을 수 있습니다.

→ 적외선 분광기로 미세먼지 배출 정도를 파악 후 탐구하기

기사명		관련 영역	
주제명			
읽게 된 동기			
탐구 내용			
느낀 점			
추후 심화 활동			
학생부 브랜딩			

더마코스메틱으로
세계 시장에 우뚝 선
K-화장품,
화장품공학과

화장품도 이제는
개인 맞춤형

요즘은 코로나로 인한 재택근무가 늘어 색조화장품보다 기초 및 기능성 화장품이 큰 인기를 얻고 있습니다. 화장품(Cosmetic)의 어원은 '잘 정리한다', '잘 감싼다'라는 뜻인 그리스의 Cosmeticos이며, 이것은 '조화'를 뜻하는 Cosmos에서 유래된 것이에요. 이를 통해 화장품의 어원으로 되돌아가 기초를 탄탄하게 하는 쪽으로 발전했습니다.

맞춤화장품은 타인과 차별화된, 좀 더 최적화된 피부관리를 하고자 하는 사람들의 만족감을 높여줍니다. 일반 화장품보다는 고가이지만 명품 화장품보다는 저렴한 가격대로 가격 경쟁력을 확보하여 날로 성장하고 있습니다. 그로 인해 맞춤형화장품 조제관리사가 탄생(2020년 3월 13일 1회 합격자)했고, 인공지능 시스템을 연계한 맞춤형 화장품 제조기기 개발과 피부 유전자검사를 통한 맞춤형 화장품을 공략하고 있지요. 여기에 스캐너를 활용한 맞춤형 얼굴시트 마스크 제품은 아시아를 넘어 세계시장에 안착하기 위해 한층 강화되고 있답니다.

KAIST에서는 노화된 인간 진피 섬유아세포를 정상적인 세포로 되돌리는 역노화 원천기술을 개발했습니다. 기존 역분화 기술은 성체 세포를 배아줄기 세포로 되돌리는 역할을 하는 것으로 알려진 4가지 'OSKM(Oct3/4, Sox2, Klf4, c-Myc) 야마나카 전사인자'를 이용한 부분적 역분화 전략이 쓰이고 있지만, 암을 일으킨다는 부작용이 있었습니다.

실제 노화 인공피부 모델에서 억제한 결과, 세포 노화 표지 인자가 사라지고 정상세포로서의 기능을 되찾는 모습이 확인되었습니다. 동백나무 추출물에서 PDK1 억제 성분을 추출, 노화된 피부의 주름을 개선할 수 있는 화장품을 개발하고 있으니 조만간 **외인성 노화**뿐만 아니라 **내인성 노화**도 치료가 가능한 화장품이 출시될 겁니다.

외인성 노화 : 자외선이나 유해물질 등 외부 요인으로 인한 노화를 말한다.

내인성 노화 : 시간이 지나면서 누구에게나 자연스럽게 발생하는 세포의 기능이 떨어지는 노화를 말한다.

아울러 동물 보호는 물론, 환경을 생각하는 윤리적인 소비에 높은 관심을 가지는 사람들이 늘어나면서 비건 화장품의 수요도 늘어나고 있습니다. 비건 화장품은 동물성 원료를 사용하지 않으며, 동물실험을 하지 않는 화장품을 말해요.

동물실험을 하지 않는 크루얼티 프리 화장품은 동물성 성분까지 사용하지 않는 완전한 비건 화장품이에요. 세계 비건 화장품 시장은 2010년 중반 이후 연평균 6.3%씩 성장하고 있으며, 2020년 18조 원 규모이며, 2025년 약 25조 원에 이

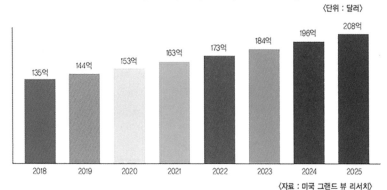

세계 비건 화장품 시장 성장 예측 (2018~2025년)

〈단위 : 달러〉

135억 144억 153억 163억 173억 184억 196억 208억

2018 2019 2020 2021 2022 2023 2024 2025

〈자료 : 미국 그랜드 뷰 리서치〉

출처 : 미국 그랜드 뷰 리서치

를 전망이에요.

이처럼 비건 화장품에도 관심을 가지고 관련 재료를 찾아보고 효능이 좋은 화장품을 개발하는 연구원이 되는 것을 추천합니다.

개인 맞춤형 화장품이 인기를 얻고 있어 관련된 스타트업들이 많아지고 있습니다. 특히, 화장품 창업이 많아지고 있는 것은 데이터 분석을 통해 구독경제 시스템을 도입하여 온라인으로 판매가 이루어지며, 공장을 가지고 있지 않더라도 화장품회사를 운영할 수 있기 때문이지요.

현재 우리나라는 코스맥스, 한국콜마, 코스메카 3개 회사가 대부분의 화장품을 생산하고 있어요. 아이디어만 있으면 원하는 화장품을 생산할 수 있기에 부담 없이 창업할 수 있다는 장점이 있습니다.

출처 : 뉴스킨 에이지락미

고객과 1 대 1로 T·O·U·N존 등 얼굴 네 부위의 수분, 유분도, 탄력, 색소침착 정도 등을 측정하여 64개로 나눈 피부 유형과 총 7,250개에 달하는 자체 화장품 레시피에 따라 고객의 피부에 맞는 맞춤 화장품을 제작해 28일마다 새로운 제품을 배송해주는 스타트업도 있습니다. 자신의 피부 상태에 따라 아침과 저녁, 유해환경 노출 정도, 자외선 노출 정도, 피부타입, 피부 민감도, 다크 스팟, 미백, 탄력, 모공, 피부결 등 여러 조건을 고려하여 로션, 크림, 에센스, 세럼, 수분크림이 에이지락미를 통해 젤 타입으로 제공되어 관리와 시간을 절약해요.

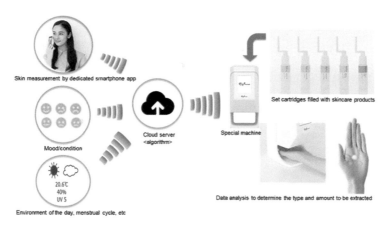

출처 : 기상 데이터를 기반으로 상황에 맞는 화장품 시스템 옵튠(Shiseido)

아이오페 랩(IOPE LAP)은 실험실을 방불케 하는 백색의 '피부진단룸'에서 세정한 얼굴을 촬영하고, 큐토미터(Cutometer)로 탄력 측정을 해요. 또한 피부유전자 13종, 헬스케어 유전자까지 총 26개 유전자를 다각도 분석해 효율적인 피부 특성 유전체 데이터 분석을 통해 화장품을 추천해주고 있습니다.

02

로봇이 만들어주는
맞춤형 화장품

화상치료용 의료기기와 함께 맞춤형 화장품도 개발되었습니다. 특히, 화상환자들을 위한 휴대용 피부 분석기 뮬리를 개발해 이마, 코, 빰, 턱, 눈 근처 등 다섯 군데의 피부 상태를 측정한 후 빅데이터 분석을 통해 에센스와 로션 화장품을 즉석에서 만들어주는 로봇이 개발됐습니다. 개인별 피부 상태에 맞는 성분 배합을 달리하여 2만 5,000가지 제품으로 개별화된 화장품을 제공하고 있어요.

출처 : 맞춤형 화장품 제조로봇 에니마(릴리커버)

'베이스피커'는 맞춤형 파운데이션, '립피커'는 맞춤형 립틴트를 만들어주는 서비스 로봇이에요. 베이스피커의 경우 20단계 밝기와 5가지 톤으로 구성한 총 100가지 색상 중 소비자에게 가장 어울리는 색깔을 찾아줍니다. 그리고 파운데이션, 쿠션 중 소비자가 자신에게 맞는 제품 타입을 선택하면 특허 출원한 제조 로봇이 현장에서 제품을 생산해요. 또한 사진을 찍어 얼굴형, 눈과 입의 크기나 모양을 측정하고, 이를 바탕으로 3D 프린터가 마스크를 바로 인쇄하여 제공하고 있습니다.

출처 : '베이스피커'에서 화장품을 만드는 로봇(아모레퍼시픽)

미세바늘로 피부 관리

피부관리면에서도 초미세바늘을 활용한 시술이 보편화되고 있습니다. 기미, 주근깨 등 피부의 색소 침착을 레이저 치료보다 간편하고, 미백 화장품보다 효과적으로 개선할 수 있는 치료법으로 미세침 패치를 활용하는 방법이 개발되었어요. 미세침 패치는 피부 각질에 미세한 구멍을 뚫어 각종 유효물질 전달을 용이하게 하는 약물전달시스템을 개발하여 패치 내 함유된 미백 기능성 물질과 항산화 성분들을 피부에 효과적으로 전달시켜 색소 개선에 도움을 줍니다.

나노 마이크로 DNA 니들 패치는 피부에 붙이면 통증 없이 약물이나 백신 등

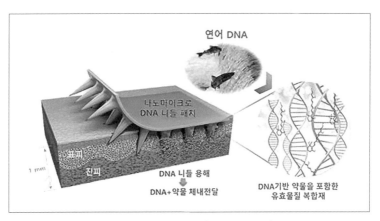

출처 : 나노마이크로 DNA 니들 패치 기술 모식도(한국기계연구원)

원하는 유효 성분을 피부에 주사할 수 있는 기술이에요. 이제 붙이기만 하면 피부관리를 할 수 있는 시대가 되었습니다. 기존의 근육주사 형태의 백신들을 일회용 주사기를 사용하지 않고, 간편하게 피부에 부착하는 방식으로 대체하는 차세대 백신기술은 세계보건기구(WHO)의 권고하에 미국, 유럽 등에서 많은 기초 연구들이 이뤄지고 있어요.

미국 및 호주 등에서 개발되고 있는 마이크로 니들 패치 기술은 이미 독감백신을 대상으로 동물시험과 1상 임상시험에서 좋은 성과를 보여 현재 2상 임상시험이 진행 중(2021년 7월 기준)이에요. 전 세계 최초 특허권을 획득하여 천연 DNA 소재 나노제조기술을 사용해 기존에 주사로 맞던 치료약물이나 호르몬 및 백신들을 니들 패치 기술을 접목하면 1회 접종량을 5분의 1미만으로 낮추고 상온 보관도 가능한 장점이 있습니다.

'마이크로니들'은 화장품뿐만 아니라 백신, 바이오의약품 등 다양한 약물을 접목할 수 있는 플랫폼 기술로, 통증이 없고 의료폐기물을 최소화할 수 있는 게 강점이에요. 또한 기존 주사제와 달리 통증이나 2차 감염과 같은 부작용이 없으며 약물 전달 효율도 높아 관련 기술이 활용·개발되고 있어 마이크로니들 시장도 커지고 있습니다.

전 세계 마이크로니들 디바이스 시장
(단위 : 달러)

출처 : 퓨처마켓인사이트 리포트 2020

04

화장품 계약학과

구분	학교명
고등학교	일산고 바이오화장품과(경기 일산)
	경기폴리텍고 화장품과학과(경기 용인)
	김포제일공고 화장품화학과(경기 김포)
	인천 바이오과학고(인천 연수)
	부천공고 뷰티화장품과(경기 부천)
	김제농생명마이스터고 바이오식품과(전북 김제)
	춘천한샘고 화장품응용과학과(강원 춘천)
전문대학	폴리텍대학 바이오캠퍼스(충남 논산)
	인천재능대학 바이오코스메틱과(인천 송도)
	경복대 뷰티코스메틱과(경기 남양주)
	대전보건대 화장품과학과(대전 동구)
	신성대 화장품신소재과학과(충남 당진)
	영남이공대 화장품화공계열(대구 남구)
	원광보건대 미용피부화장품과(전북 익산)
대학교	건국대 화장품공학과
	서울여대 바이오화장품공학전공
	성신여대 화장품학전공
	충북대 화장품산업학과
	대구한의대 화장품공학부
	을지대 미용화장품과학과

프랑스 화장품의 산업경쟁력 수준은 전 세계 최고 수준으로 2020년도 프랑스 관세청 자료에 의하면, 프랑스 화장품 산업은 한해 약 155억 유로(한화 약 20조 원)의 수출액을 달성했습니다. 프랑스에는 화장품학(Cosmetologie)이라는 교육과정이 존재하는데 기초학문인 생물학, 화학, 생리학과도 밀접한 관련이 있습니다. 또한 관련 학문 분야의 요소를 융합하고, 고급 인력을 위한 그랑제꼴(Grand ecole) 교육도 운영하고 있지요.

향수학교 이집카(ISIPCA)는 글로벌 조향 및 화장품 학교로 향수, 화장품, 식용향료 분야의 학사, 석사 및 산업 매니지먼트 등 약 10개의 과정을 개설하여 철저한 산업 연계형 교육과정을 운영하고 있습니다.

김포제일공고 화장품화학과의 경우에는 지역 내 유일한 순수 특성화고등학교로 '2022년 그린스마트 미래학교' 사업대상 학교로 선정되어 지역의 특성과 학교 여건을 반영한 지역중심의 학교로 발전하고 있습니다.

화장품화학과에서는 제품을 안전·경제적으로 활용하여 분석·제조 분야를 교육해요. 비누와 화장품, 향수 등 실생활에서 사용하고 있는 제품을 안전하고 경제적인 방법으로 활용해 인간의 건강과 행복을 추구하는 학과이기 때문에 어렸을 때부터 관심이 있던 학생들에게는 더욱 친숙하게 다가갈 겁니다.

졸업 후에는 석유화학업체, 제약회사, 환경업체, 식품회사, 반도체업체, 실험 및 연구소, 화장품 관련 업체 등 다양한 분야에 취업할 수 있으며, 4년제 대학 및 전문대학 특별전형, 재직자 특별전형 등을 통해 진학의 꿈을 키우는 학생도 많습니다.

경복대는 수도권 대학 가운데 '4년 연속 취업률 1위'를 기록하며 취업 명문 대학으로 인정받고 있습니다. 뷰티코스메틱과의 경우에는 'CS Leaders(관리사)' 자격시험에서 93%의 높은 합격률로 사회에 나가기 위한 발판을 마련해요.

본 학과의 높은 취업률은 학생맞춤형 빅데이터 기반의 '학생성공모델'을 구축하여 학생성공예측분석시스템(Big-SPAS), 학생성공 e-Portfolio 시스템(개인별 학생성과관리) 등을 통해 학생 스스로 성공 모델을 만들어 갈 수 있습니다.

인천재능대는 바이오코스메틱과에서 전공선택 과목으로 AI맞춤형화장품, 색조화장품제조, 바이오화장품성분학, 품질검사, 화장품응용세미나, 바이오화장품화학, 기초화장품제조실습, 화장품미생물, CGMP을 공부합니다. 이후 신제품 창의프로젝트를 통해 전공역량을 길러 화장품 회사로의 취업률이 무척 높은 편이죠.

영남이공대 화장품화공과는 화장품제약전에서 '전도성 혼합 하이드로 젤 구동기(Actuator) 개발 연구' 국제 학술지에 발표할 정도로 수준 높은 실험을 진행합니다. 또한 습윤 밴드용 조성물로 홍반과 따가움을 유발하는 기존 밴드의 단점을 보완하기 위해 친환경 재료로 피부 자극을 줄이고 보습력과 습윤력을 높인 아이디어 제품을 개발했어요. 이처럼 바이오, 제약 분야로 확장되어 다양한 산업에 기여할 수 있는 제품을 개발할 수 있습니다.

05

화장품학과 교육과정

① 건국대 화장품공학과

건국대의 서울권 최초 4년제 화장품공학과 설립으로 화장품 전문 인력이 많이 필요하다는 것을 알 수 있습니다. 본과에서는 인턴십 의무제와 취·창업 지원을 통해 현장실무능력과 창업 능력을 익힐 수 있습니다. 또한 학·석사 연계과정으로 4+1학년제를 운영하여 5년 만에 석사학위까지 이수할 수 있지요. 특히 화장품 공학사를 취득하면 화장품제조판매관리자 자격증을 획득하여 화장품 제조판매업 등록을 할 수 있습니다.

그리고 화장품 산업 실무에 특화된 5가지 전문가 트랙과 각 트랙 완성을 위한 12가지 세부 모듈 수업이 다양하게 구축되어 운영되고 있습니다. 화장품 소재 개발 전문가 트랙, 화장품 제형 및 조제 전문가 트랙, 화장품 안전성 및 유효성 평가 전문가 트랙, 화장품 품질평가 트랙, 화장품 의·과학 전문가 트랙 등이 있습니다.

건국대 화장품공학과의 가장 큰 매력은 전공 특성화 비교과 프로그램이에요. 먼저 1학년을 대상으로 해당 학년 수준에 맞게 캡스톤디자인을 운영하는 '개인맞춤형 화장품 기획제조 판매' 프로그램을 운영하고 있어요. 다양한 화장품산업체 전문가 기반 초청특강을 들으면서 평소 궁금했던 내용을 질문할 수 있고, 자신의 꿈도 키워나갈 수 있는 계기가 될 수 있습니다. 화장품산업체 전문가를 기반으로 한 전공 관련 실습기반 멘토링 프로그램도 잘 구성되어 있어요. 피부의과학, 제형공학 및 화장품제조, 조향공학, 상품기획 및 마케팅 분야까지 공부할 수 있는 기회를 제공하고 있어요. 마지막으로 산학협력 기반 가족회사를

바탕으로 한 화장품산업체 현장견학이 매년 진행되고 있기 때문에 이 부분도 활용하면 좋은 경험이 될 수 있습니다.

② 동덕여대 화장품학전공

동덕여대 화장품학과는 화장품 제조실습과 소재 기능성 분석을 통해 화장품 개발 능력을 함양할 수 있습니다. 또한 조향과학 수업을 통해 향기에 관심 있는 학생들에게는 매력적인 학교가 될 거예요. 아울러 창업을 위한 경영 전략까지 배울 수 있습니다.

본 학과에서는 국내 화장품 업계와의 공동 협력 네트워크를 구축하여 인적 교류, 정보 교환 등을 활성화하고 학생들에게 현장실습, 인턴십, 자기주도 역량 강화 등 특화된 교육 환경을 제공해요. 또한 화장품 업계 재직자, 대학교수 및 업체교육 강사 등을 대상으로 〈화장품 연구 방법론〉, 〈화장품 신제형 교육〉 등의 주제로 교육프로그램도 개최하고 있답니다.

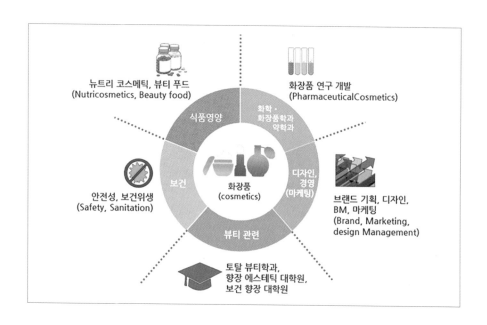

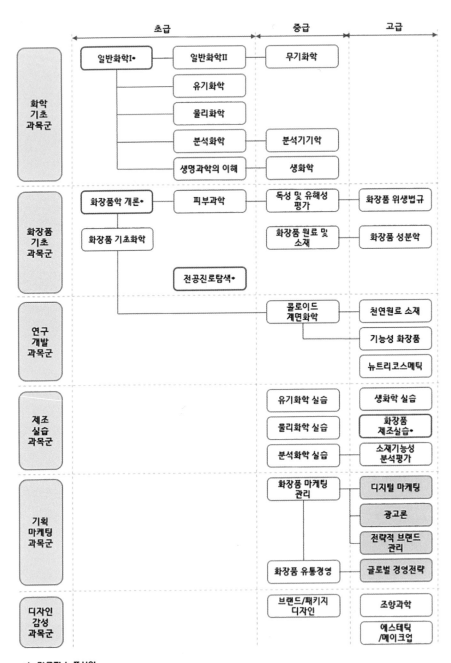

	초급	중급	고급
화학 기초 과목군	일반화학I• — 일반화학Ⅱ	무기화학	
	유기화학		
	물리화학		
	분석화학 — 분석기기학		
	생명과학의 이해 — 생화학		
화장품 기초 과목군	화장품학 개론• — 피부과학	독성 및 유해성 평가	화장품 위생법규
	화장품 기초화학	화장품 원료 및 소재	화장품 성분학
	전공진로탐색•		
연구 개발 과목군		콜로이드 계면화학	천연원료 소재
			기능성 화장품
			뉴트리코스메틱
제조 실습 과목군		유기화학 실습	생화학 실습
		물리화학 실습	화장품 제조실습•
		분석화학 실습	소재기능성 분석평가
기획 마케팅 과목군		화장품 마케팅 관리	디지털 마케팅
			광고론
			전략적 브랜드 관리
		화장품 유통경영	글로벌 경영전략
디자인 감성 과목군		브랜드/패키지 디자인	조향과학
			에스테틱 /메이크업

•는 전공필수 표시임

현장에서 적용할 수 있는 다양한 주제에 대한 아이디어 챌린지나 화장품업체와의 공동과제를 수행하고 있는 점도 강점이에요. 현재 화장품 특성화 사업단을 구축하여 디자인, 마케팅 등 융합 창의 교육을 지향하고 있습니다.

③ 성균관대 바이오코스메틱스 협동과정

화장품 교과목	연계 교과목
고급생물소재공학	블록체인의 기초
피부면역학특론	머신러닝과 딥러닝
고급면역학	인공지능 응용
피부생리학	품질과 안전관리
향장화학개론	논문작성법과 연구윤리1
화장품용 기능성소재	일반생화학
천연향료학	약물전달시스템
에멀전공학	효소공학
향장천연물화학	천연물분석
바이오코스메틱품질관리	파이토케미컬 생명공학
고급바이오코스메틱스학1,2	단백질공학
화장품법과 제도	고급유전학
화장품법과 제도	고급세포공학
고급제형공학	고급미생물학
나노분체와 화장품	고급발생공학
천연물화장품 소재과학	단백질체학
바이오코스메틱스특론1,2	고급신경과학
콜로이드공학	면역질환연구법특론
유지식품학특론	고급생화학
향미화학특론	고급분자생물학
분자피부과학	고급미생물유전학
고급세포유전학	고급미생물생명공학
고급조직공학	고급분자유전학
세포유전학특론	고급면역유전학
단백질공학특론1,2	고급식물생화학
생체모방공학	미생물학특론
생체소재공학특론	고급산업미생물학
세포면역학특론	분자면역학특론
줄기세포특론	생물분자공학특론
세포분화특론	유전자치료학특론
고급피부생명공학	
바이오인포마틱스	
피부소재공학특론	

본 학과는 생명과학에 첨단공학기술을 접목한 학과예요. 다양한 학부과정이 있는데 '화장품연구원'으로서의 꿈을 이루기 위해서는 전문적인 능력을 기를 수 있는 대학원까지 고려해 보면 좋을 것 같습니다. 특히, 성균관대 바이오코스메틱스 과정은 발효화장품과 효소공학, 나노공학 등을 배울 수 있어 고급화장품을 제조할 수 있는 기술을 익힐 수 있답니다.

참여학과로는 융합생명공학과, 화학공학·고분자공학과, 화학과약학과, 식품생명공학과, 성균나노과학기술원(SAINT), 산학협력교육원 등이 있어요. 생물·화학·약학·화학공학 등에는 다학제적 융복합 교육 프로그램이 마련되어 있습니다.

화장품 산업은 융복합 미래 산업을 이끌어갈 수 있는 첨단 분야로 그린 코스메틱으로 발전하고 있습니다. 이런 추세를 반영하여 국내외 화장품 산업을 이끌어갈 글로벌 경쟁력을 갖춘 인재 양성이 필요해요. 현재 세계 화장품 업계에서 우리나라는 독자적 유명 브랜드가 있는 아시아 2개국 중 하나로 일본과 더불어 어느 정도의 글로벌 경쟁력을 갖추고 있지요. 하지만 국내 대학에 화장품 관련 전문가를 양성할 수 있는 전문고급기관이 없기 때문에 그 꿈을 성균관대에서 이루는 것도 좋을 것 같습니다.

④ 아주대 일반대학원 응용생명공학과 화장품과학 전공

교과목		
전공필수	기반과목	피부생리학 계면화학 유지화학 화장품제조공학
전공선택	기초	화장품 유효성 및 안전성 방부와 보존 피부세포배양 분체공학 피부센서 및 바이오칩
	제제	화장품 유효성 및 안전성 방부와 보존 피부세포배양 분체공학 피부센서 및 바이오칩
	소재	화장품 유효성 및 안전성 방부와 보존 피부세포배양 분체공학 피부센서 및 바이오칩

화장품학과뿐만 아니라 화학과, 생명과학과 등에서도 관련된 수업과 실험 능력을 갖춘다면 충분히 화장품연구원으로 활동할 수 있습니다. 특히, 아주대 화장품과학 전공에서는 피부센서를 통해 피부 상태를 더욱 빠르고 정확하게 파악할 수 있으며, 바이오칩을 통해 자신의 줄기세포로 피부를 활용하여 맞춤형 화장품을 제조할 수 있는 기술을 배울 수 있습니다.

본 학과에서는 대한민국 화장품 업계의 모든 CEO·CTO 및 관련 기관 책임자들의 특강으로 자신의 역량을 키울 수 있어요. 경영 전략과 기술개발 방향, 미래 트렌드 등에 대한 정보를 얻을 수 있고, 궁금한 내용들은 질의 응답을 통해 해결할 수 있는 기회도 주어집니다. 특히 R&D 사례연구가 이루어지며, 많은 학생이 화장품개발의 미래에 대한 뚜렷한 계기를 가질 수 있습니다.

알다시피 최근 화장품산업은 국제 경쟁력과 한류 바람을 타고 급성장하고 있습니다. 업계의 고급 R&D 인력 부족으로 취업 전망이 좋으므로 아주대 대학원 화장품과학전공에 도전해 보는 것도 좋을 것 같습니다.

06

화장품공학과를 위한
과목선택

2022 개정교육과정에서는 융합선택과목, 진로선택과목으로 세분화되어 자신이 전공하고자 하는 분야에 대해 깊이 배울 수 있도록 선택과목의 폭을 넓혔습니다.

교과	선택과목		
	일반선택	융합선택	진로선택
국어	화법과 언어 독서와 작문 문학	독서 토론과 글쓰기 매체 의사소통	주제탐구 독서 문학과 영상
수학	대수 미적분 I 확률과 통계	실용통계 수학과제 탐구	미적분 II 기하 인공지능 수학
영어	영어 I 영어 II 영어독해와 작문	실생활 영어회화 미디어 영어	영어 발표와 토론 심화영어 심화영어 독해와 작문
사회	사회와 문화 현대사회와 윤리	역사로 탐구하는 현대세계 사회문제 탐구 윤리문제 탐구	도시의 미래 탐구 법과 사회 윤리와 사상 인문학과 윤리

		과학의 역사와 문화	세포와 물질대사
과학	물리학 화학 생명과학	과학의 역사와 문화 기후변화와 환경생태 융합과학 탐구 화학실험 생명과학실험	세포와 물질대사 생물의 유전 화학반응의 세계 과학과제 연구 고급생명과학 고급화학
교양	논리학 철학 심리학 보건 진로와 직업 논술		가정과학 지식재산 일반

☑ 화장품공학과를 희망하는 경우 고등학교 때 어떤 과목을 꼭 들으면 좋을까요?

수학, 과학과목은 위의 표를 활용하세요. 수학의 경우, 확률과 통계를 듣고, 실용통계 과목을 듣는 것도 좋습니다. 화장품공학과에서는 많은 통계자료를 분석하는 경우가 많기 때문에 고등학교 때 미리 경험해 보는 것도 좋아요. 실용통계 과목에서는 수많은 데이터 속에서 원하는 관점을 추출하고 정리하기 위해 데이터를 수집하고 분석, 결과를 도출하는 모든 과정을 학습할 수 있기 때문이에요. 그리고 여러 형태로 변화되는 빅데이터 속에서 다양한 패턴과 경향을 읽어내고 가치를 발견하기 위해 빅데이터와 관련된 내용까지 공부할 수 있기 때문에 많은 연구를 주로 하는 화장품공학과는 꼭 필요한 과목이라고 생각해요. 또 실용 통계를 배우게 되면 직접 자료를 수집하고 분석할 수 있는 공학도구가 필요한데 이때는 '통그라미' 프로그램을 활용할 수 있어요. 학생들이 통계에 기반해 합리적인 의사결정을 할 수 있도록 설문지 만들기와 자료수집, 통계 분석, 보고서 작성 등을 단계적으로 직접 프로그램을 사용하여 프로젝트를 진행할 수 있어요. 스스로 생활 속에서 직접 질문에 맞게 자료를 수집하고 처리하면서 통계에 대한 즐거움을 느끼고 배울 수 있는 공학도구입니다.

출처 : 통계청

위의 과목을 공부한 후, 과학과제탐구를 들어보는 것도 좋아요. 기사나 책에서 궁금증을 찾아낸 부분을 과학과제탐구 주제로 선정하여 실용통계 프로그램을 활용하는 것도 좋은 방법입니다. 과학과제 탐구의 경우는 학생들의 관심사를 토론 및 조사방법 후 연구과제를 선정하여 실험을 할 수 있어요. 실험 결과를 바탕으로 보고서를 작성하는 과정이 우리가 알고 있는 연구과학자의 첫걸음이라고 볼 수 있지요.

이처럼 탐구 과목을 잘 활용한다면 학생들의 전공적합성과 발전가능성을 보여줄 수 있답니다. 학교에 개설되지 않더라도 공동교육과정을 활용하여 이수하면 좋은 평가를 받을 수 있습니다.

07

화장품 관련
재미있는 탐구활동

① 천연미백성분을 활용한 미백 여부와 미백화장품 비교 탐구

천연미백성분을 찾아보고 어떤 성분이 피부를 깨끗하게 하며, 이 성분이 피부에 어떤 작용을 하는지 알아보아요. 그리고 사포닌, 알로에, 당귀, 감초추출물을 활용하여 팔과 같은 신체 일부에 미백효과를 확인해 보는 실험을 해볼 수도 있어요. 그리고 추가적으로 시중에 나온 제품과 비교해 보는 실험을 통해 직접 제조한 천연성분의 효능을 파악할 수 있어요.

→ **천연성분과 미백화장품 효능을 비교 탐구하기**

기사명		관련 영역	
주제명			
읽게 된 동기			
탐구 내용			
느낀 점			
추후 심화 활동			
학생부 브랜딩			

② 비타민 C와 노화된 피부의 회복성 관련 탐구

맑고 탱탱한 피부와 피로회복을 위해 시중 비타민 음료나 간편하게 먹을 수 있는 레몬 맛의 상큼한 비타민 C 제제를 많이 찾을 거예요. 비타민 C는 알고 계신 것처럼 피부노화 예방을 위한 강한 항산화제 기능이 있고, 과도한 색소침착의 치료에 사용될 수 있어요. 그렇다면 먹는 것보다 피부 진피 속으로 흡수시키면 더 효과적이지 않을까 실험해 볼 수 있어요. 또한 시중에 판매되고 있는 비타민C 잡티케어패치인 아크로패스 스팟이레이저와 비교해 볼 수 있어요.

→ 비타민C 항산화 작용을 탐구하기

기사명		관련 영역	
주제명			
읽게 된 동기			
탐구 내용			
느낀 점			
추후 심화 활동			
학생부 브랜딩			

③ LED마스크로 주름 개선 여부 탐구

피부과에서 LED를 이용하여 피부 주름 등을 개선하는 것을 착안하여 LED 마스크가 큰 흥행을 하였어요. 그런데 효과가 없다는 기사도 있고, 이롬플러스 에스셀규어는 개인용 의료기기 3등급 인증을 받는 데 그쳤습니다. 어떤 차이가 있는지, 개인용은 병원용과 어떤 차이점이 있는지 조사해요. 블루라이트를 장시간 노출되면 눈의 피로도가 증가하고, 안구 건조증, 수면장애를 유발할 수 있으며, 심한 경우 망막을 손상될 수 있어요. 또한 피부에서는 어두운 피부에 색소침착이 발생할 수 있어요. 효과 있는 파장을 찾고 비교분석할 수 있어요.

→ **파장별 차이를 비교 탐구하기**

기사명		관련 영역	
주제명			
읽게 된 동기			
탐구 내용			
느낀 점			
추후 심화 활동			
학생부 브랜딩			

PART
5

농업의
반도체 종자산업

01

앞으로 펼쳐질
그린 바이오 시대

인구가 기하급수적으로 증가하여 2010년 69억 명에서 2050년 92억 명까지 증가할 것으로 예상되고 있어 식량안보의 위협이 전 세계적으로 커지고 있습니다. UN식량농업기구(FAO)에서는 2050년까지 전 세계 농장의 수확량을 70% 증대시켜야 한다고 경고한 바 있어요.

세계 종자산업은 2008년 기준 약 695억 달러의 규모로, 세계 종자 교역량은 2008년 71억 달러에서 점차 증가하고 있으며, 미래 의존도가 높아 경쟁이 치열한 분야예요. 생명공학 분야에서는 기술로써 식량안보를 해결하고, 종자시장을 선점하고자 '유전자재조합'기술이 탄생하였고, 유전자재조합생물체(GMO, Genetically Modified Oragnisms)는 유전자재조합농산물과 유전자재조합동물, 유전자재조합미생물로 분류됩니다. 이는 한 생물체의 유용한 유전자를 빼내어 그 유전자를 갖고 있지 않은 생물체에 삽입하여 유용한 성질이 나타나게 편집한 것으로 생산량을 증가시키고, 질 좋은 식품으로 만들어 인류를 식량안보의 위기에서 탈출시킬 수 있는 길이라고 생각하고 있습니다.

종자산업은 단순히 농업뿐만 아니라 바이오 에너지, 제약산업 등 더 큰 부가가치를 낼 수 있는 산업과도 직결되어 있습니다. 새로운 품종을 보호하는 것에도 두 가지가 있는데 식물신품종 보호법의 '품종보호제도'와 특허법의 '특허제도'가 있어요. 식물신품종 보호제도는 번식 가능한 식물 품종 자체에만 해당되고,

특허는 식물과 그 식물의 육종방법, 번식방법, 식물 유전자 등에 대해서까지 보호하는 것이에요.

우리나라는 산업 육성에 충분한 유전자원을 확보하고 있으나, IT·BT 등을 활용한 산업화 기술은 선진국 대비 75~80% 수준이에요. 그린바이오 산업의 핵심기술인 유전체 분석기술(빅데이터 포함), 신육종(NBT) 기술, 대체육 기술 등은 초기 단계에 머물러 있어 앞으로 발전시켜야 하는 분야가 많아요.

그린바이오 산업의 5대 분야를 선정하여 중점적으로 핵심기술을 개발하고자 마이크로바이옴, 대체식품, 종자, 동물용의약품, 기타 생명소재를 선정하였습니다.

① **마이크로바이옴** : 유전체 분석, 포스트바이오틱스 등

② **대체식품** : 육류모사, 기능성 신소재 등

③ **종자** : 유전자가위, 디지털육종 등

④ **동물용의약품** : 단백질 재조합, 줄기세포치료, 식물백신 등

⑤ **기타 생명소재** : 곤충·해조류·식물 등 생물 유래 소재 제형화 등

식품, 종자 등 핵심 분야별 정보를 체계적으로 구축하기 위해 식품영양·기능성물질 정보(국가 표준식품 성분DB 등), 수의유전자원 정보 등 유용물질 발굴을 위한 빅데이터 기반 AI 기술 활용을 지원하기 위해 국가 바이오 데이터 스테이션(빅데이터 플랫폼)을 구축하고 있어요.

포스트바이오틱스 : 유해균의 빠른 사멸을 유도하는 특징을 갖고 있는 프로바이오틱스 대사산물의 일종이다.

육류모사 : 세포 배양을 통해 공장에서 고기를 생산해 내는 방식의 배양육이다.

육종 : 인간의 목적에 맞게 기존의 품종을 개량해 새로운 품종을 만들어내는 일련의 과정인데, 복잡한 생물을 다루는 과정이라 완벽히 계량화할 수 없는 아날로그적인 특징들이 있다. 디지털 육종은 유전형·표현형에 기반을 둔 선발 육종 방식으로 다양한 표현형을 갖는 집단에서 특정 형질(표현형)을 갖는 개체들만을 유전형을 이용하여 선발하는 방식이다. 최근 6~8년 걸리던 호박의 새 품종 개발을 3년 이하로 줄일 수 있었던 첨단 육종기술이다.

비전	그린바이오 산업을 통해 신(新)혁신성장 동력 육성 및 사회경제적 문제 해결			
목표	◆ 국내 그린바이오 산업 규모: ('19) 4.5조원 → ('30) 12.3조원 ◆ 국내 그린바이오 산업 고용 규모: ('19) 2만명 → ('30) 4.3만명			
5대 산업	마이크로 바이옴	대체식품 메디푸드	종자산업	동물용 의약품	기타 생명소재

추진 전략	◆ 산업기반을 토대로 기업 지원 및 상생의 산업 생태계 조성 (3대 분야, 5개 과제)

산업 기반	①기술개발	②빅데이터	③인프라
	▪ 핵심 유망기술 선정 ▪ 핵심 기술 중심의 연구개발	▪ 빅데이터 플랫폼 구축 ▪ 빅데이터 활용체계 구축	▪ 시설장비 인프라 구축 ▪ 그린바이오 융합형 인재 양성

기업 지원	④그린바이오 사업화 전 주기 지원
	▪ (기업 인증) 인증기준·기관 정립, 인증 인센티브 마련 ▪ (전주기 지원) 장비·컨설팅·시제품제작 지원, 모태펀드 투자 확대 ▪ (특수분야 대행) 임상시험 및 제품생산 대행 기관 육성

생태계 조성	⑤그린바이오 융합 산업 생태계 구축
	▪ (클러스터) 중점지역 육성, 그린바이오 벤처 캠퍼스 건립 ▪ (신수요·시장) 정부 우선 구매제도 도입, 수출지원

출처 : 그린바이오 융합형 신산업 융성방안_과기부

02

식량 위기 종자 특허로 극복

코로나19는 굶주림이 가장 취약한 곳에서 기근 위기를 악화시키고 있습니다. 그래서 이곳은 코로나19의 직접적인 영향보다도 굶주림에 의해 사망하는 사람이 더 많이 발생하고 있습니다. 분쟁, 기후변화, 불평등, 붕괴된 식량체계 등으로 이미 수백만 명의 식량 생산자와 노동자가 빈곤층으로 전락했고, 이번 코로나19 사태가 이들에게는 최후의 결정타가 되었지요.

유엔세계식량계획(WFP)은 코로나19로 심각한 수준의 기근을 겪게 될 인구가 2020년 말까지 2억 7천만 명에 이를 것이라고 발표했습니다. 이 수치는 2019년 대비 82% 증가한 것이며, 2020년까지 기근으로 인한 사회경제적 영향으로 하루에 6,000명에서 12,000명까지 사망할 수 있다는 의미예요.

코로나19 확산 방지를 위해 시행되고 있는 이동제한 조치로 많은 농부가 농작물을 심거나 수확하지 못하게 되었고, 농작물을 판매하거나 종자와 농업에 필요한 도구를 구매하기 위해 시장을 가는 일조차 어려워졌어요. 목축업자 또한 가축을 식량과 물이 있는 곳으로 이동시키는 것이 어려워져, 가축의 상태는 악화되고 판매 가치도 떨어지고 있지요.

또한 코로나19로 인도주의적 지원이 더욱 어려워지고 있습니다. 사람과 재화의 이동이 제한되고 구호활동 중에도 안전을 위해 지켜야 하는 추가적인 조치는 식량지원을 더디게 하고 있어요. 서아프리카의 차드와 모리타니아 등 일부 국가에서는 구호단체들이 인도주의적 지원 규모를 축소하거나 중단했습니다. 73억 달러가 요구되는 코로나19 대응을 위한 '글로벌 인도주의 대응계획(GHRP)'

에 2020년까지 24%의 자금밖에 조달되지 못했습니다. 이 중 점점 확대되는 식량 불안정에 대응하기 위해 필요한 자금은 9%만이 확보된 상황이에요. 또한 유엔세계식량계획은 예멘 북부지역에 거주하는 850만 명에게 식량 배급량을 절반으로 축소했고, 아프가니스탄은 6천만 달러가 필요한 코로나19 대응을 위한 식량안보 프로그램에 단 6%만 지원을 받았습니다.

"아프리카에 K-라이스 바람이 분다!"

아프리카에서는 농촌진흥청이 현지에서 통일벼 계통으로 개발한 '이스리(ISRIZ)'라는 쌀을 2017년에 품종 등록한 후 재배하기 시작하여 2020년에 6천 ha로 늘어났습니다. 2021년은 약 2만 ha까지 보급될 전망이라 식량을 어느 정도 확보할 수 있을 것 같습니다. 이스리는 수확량이 많고 밥맛이 좋은 쌀이라는 소문이 퍼지면서 재배면적이 빠르게 늘어나고 있습니다. 아프리카 벼 개발사업이 가장 먼저 성과를 낸 나라는 세네갈인데, 세네갈 정부는 신품종 개발과 재배기술 보급을 위해 우리나라와의 농업협력을 활발하게 추진하고 있습니다.

영농조합 : 주민들이 조합원 주주가 되어 설립한 법인으로, 주민 공동으로 농작물을 재배·가공하여 수익을 나누는 '공동농장'을 말한다.

또한, 아프리카의 스위스라 불리는 르완다에도 한국국제협력단(KOICA)과 2011년부터 개간이 가능한 습지에 벼농사 시범농장을 계획하고, 마을 주민의 동의와 지방정부의 협의를 거쳐 국유지를 50년간 임대받아 지금까지 70ha의 논을 조성했습니다. 마을에는 영농조합을 구성하여 공동재배, 공동판매 방식을 도입하고, 판매이익 중 일부는 마을기금으로 적립하여 주민들과 상생하고 협동하는 새마을운동 방식이 적용되고 있지요.

아프리카는 급속한 인구 증가로 쌀 소비량이 해마다 늘고 있지만, 생산량이 부족해 상당수 국가가 소비량의 50~90%를 수입에 의존하고 있는 형편이에요.

경제협력개발기구(OECD)와 유엔식량농업기구(FAO) 등에 따르면 아프리카의 쌀 수입량은 2010년 906만 톤에서 2019년 1,700만 톤으로 늘어났으며, 10년 후에는 3,000만 톤 수준이 될 것으로 전망되고 있어요. 그나마 쌀 수입은 경제력이 있는 나라의 이야기이고, 빈곤국의 식량난은 더 심각한 상황이에요.

출처 : 아프리카에 부는 농업기술 한류_농진청

농촌진흥청이 아프리카와의 농업기술 협력에 앞장서고 있습니다. 특히, 현지 풍토에 맞는 농업기술을 개발·보급해 이 지역의 오랜 식량난을 극복하고 농가 소득을 올리는 데 힘을 쏟고 있기 때문에 우리나라의 농업이 큰 인기를 얻고 있으며, K-라이스가 정착할 날도 머지않았습니다.

"사막화를 방지하기 위한 비타민나무"

조림사업 : 산림의 경제적·공익적 가치를 증진시키고자 나무를 심어 산림 자원을 조성하는 활동을 말한다.

방풍림 : 농경지, 과수원, 목장, 가옥 등을 바람에 의한 피해로부터 보호하기 위하여 조성한 삼림으로 수종은 크고 빨리 자라며 바람에 견디는 힘이 좋은 상록수, 오래 사는 침엽수가 알맞다. 삼나무, 편백, 해송, 낙엽송, 전나무, 가시나무, 참나무류, 느티나무, 포플러 등이 주로 이용된다.

사막화와 황사를 방지하기 위해 2001년부터 몽골에서 조림사업을 진행하고 있는 시민단체 '푸른 아시아'가 주민 소득 증대를 위해 방풍림으로 함께 심었던 차차르칸 나무(일명 비타민나무)에서 '칭기즈칸의 열매'가 열렸답니다. 2015년부터 수확할 수 있게 되었으며, 주민들은 일정금액의 월급을 받으며 나무를 키우기 때문에 더욱 정성드려 가꾸는 토대가 되었지요. 몇몇 조림지에서 거둔 성과는 현지 주민들의 기대 속에 몽골의 다른 지역으로 확산되고 있습니다.

몽골인들은 감기 등을 다스릴 때 끓는 물에 이 열매 가루를 타 마셔왔는데, 과육 기름과 씨앗 기름은 화장품과 샴푸에 활용되고 있어요. 잎과 줄기는 차(茶) 재료로 쓰일 정도로 비타민과 미네랄, 아미노산, 오메가 지방산 등이 풍부하여 버릴 것이 없을 정도로 활용도가 높은 나무예요. 또한 축구장 면적의 170배(122ha)에 해당하는 조림지에는 포플러와 느릅나무, 버드나무, 차차르칸 나무 15만 그루가 자라고 있답니다.

출처 : 우리나라가 몽골에 심은 나무 15년 후 변화_산림청

03

고분자 바이오
생체 재료 활용

PLA : 다른 플라스틱과는 다르게 옥수수나 사탕수수같은 식물에서 전분을 추출하여 원재료로 사용하는 친환경 수지이다.

PGA : 다양한 조직 공학응용 분야에서 사용되는 생체 적합성 및 생분해성 폴리머인 라이너 지방족 폴리에스테르의 가장 단순한 형태이다.

공중합체 : 두 개 이상의 다른 단량체로 구성된 고분자이다. 서로 다른 물성을 가지는 단량체의 사용으로 다양한 물성의 고분자 재료를 얻는다.

고분자 생체 재료는 인체 내에서 면역거부반응 없이 반영구적으로 그 기능을 유지할 수 있는 재료를 말해요. 의료용 고분자가 갖춰야 할 중요한 특성은 생체적합성과 멸균성, 기계적·물리적 성질과 성형가공성을 가지고 있어야 해요. 이 중 생체적합성이 가장 기본적이고 중요한 성질이에요. 특히, **PLA**(Polylatic acid)와 **PGA**(Polyglycolic acid) 및 그 공중합체로 대표되는 생분해성 의료용 고분자는 생체적합성이 매우 우수하여 수술용 봉합사, DDS(Drug delivery system), 조직공학용 지지체(Scaffold) 등으로 다양하게 응용되고 있고, 향후 그 수요는 더욱 확대될 전망이에요.

생체재료(Biomaterials)는 조직의 기능을 치환, 대체하기 위하여 체내에서 일시적 또는 지속적으로 주위 생체 조직과 직접 접촉하는 물질로서 재료의 종류에 따라 금속, 세라믹, 고분자, 복합재료로 나뉩니다.

생체 재료	인공재료	무기재료	금속, 세라믹
		유기재료	합성고분자
	천연재료		천연고분자 재료, 인공배양세포
			인공보존 조직
생체기능재료	생체조직 대체		(연조직) 인공혈관, 인공피부, 인공힘줄, 인공심장벽
			(경조직) 인공뼈, 인공관절, 인공치근
	생체조직 보충		의치, 치관, 치과용충진제, 골결손부 충진제
	생체조직 보조		골내 고정제, 봉합사, 접착제
	생체기능 대행		투석, 여과, 흡착제 등 인공장기용 재료

출처 : 생체 재료의 종류_한국과학기술정보연구원

지혈제는 상처 부위의 혈액을 응고시켜 출혈량을 줄이고, 혈액을 통한 외부 감염을 방지하는 역할을 하기 때문에 응급 상황에서 환자의 안전을 지키는 데에 필수적인 의료소재랍니다. 현재 사용되고 있는 지혈제는 대부분 체내에서 분해 되지 않아 생체 안정성이 낮다는 문제점이 있어요. 또한, **피브린** 등 생물학적 지혈 제품은 강도가 낮아 상처 부위에서 쉽게 와해되기 때문에 다양한 치료 부위에 사용하기에는 어려움이 있어요.

> **피브린** : 혈액응고 과정에 작용하는 단백질이다.

그 결과, 생체 안정성이 높은 홍합 접착단백질에 말미잘에서 추출한 실크단백질을 접목하여 새로운 접착지혈소재를 개발하였습니다. 홍합 접착단백질은 생체 안정성이 높아 상처 부위와 쉽게 결합하므로 출혈을 효과적으로 막을 수 있으며, 말미잘 실크단백질은 강도가 우수하여 쉽게 모양이 변형되지 않는 장점이 있어 앞으로 홍합-말미잘 지혈제가 널리 활용될 것 같습니다.

치과에서 활용되는 골 재생용 차폐막은 치조골(잇몸)조직의 재생을 유도하고

키틴 : 아미노당으로 이루어진 다당류로서 N-아세틸글루코사민이 β-1, 4결합으로 중합된 것으로, 새우나 게의 껍데기를 염산에 담그고 탄산칼슘을 녹여 낸 다음, 알칼리와 함께 끓여 단백질을 제거하고, 남은 침전을 잘 씻은 후에 건조시키면 얻을 수 있다. 흰색 분말로 물에 녹지 않고 반응성이 빈약하며, 셀룰로스보다도 안정적이다.

골(骨)의 형태를 유지하기 위해 사용되는 이식 생체재료예요. 주로 잇몸이 약해 임플란트를 직접 이식할 수 없는 환자를 대상으로 사용이 되고 있지요. 현재 사용되고 있는 콜라겐 기반 차폐막은 동물성 소재로 만들어져 사용 시 염증반응이 나타나는 경우가 있으며, 상대적으로 생분해 속도가 빨라 원하는 골의 형태를 유지하기가 쉽지 않다는 단점이 있어요. 그러나 해양 유기소재인 '키틴'을 기반으로 티타늄 원자층 증착 기술을 사용함으로써, 강도가 높고 항염성 및 골 재생 기능이 뛰어난 의료소재임이 입증되어 이를 활용한 소재가 널리 활용될 겁니다.

2018년에서 2022년 사이 세계 인공장기 시장은 연평균 9.56% 성장했습니다. 또한 국내 업계에서는 글로벌 이종장기 및 인공장기 시장이 연평균 7.33% 성장하여 2024년에는 448억 달러 규모가 될 것이라고 전망하고 있습니다. 고령화나, 만성질환, 사고 등으로 기능 저하나 손상된 장기에 대한 이식 수요는 증가하고 있는 반면, 장기 기증 등 공급은 부족하여 인공장기에 대한 수요가 꾸준히 증가하고 있습니다. 이러한 이유로 첨단 재생의료 산업 중 하나인 바이오 인공장기, 생체 재료, 의료용 3D 바이오 프린팅 시장이 주목받고 있어요.

오가노이드 : 줄기세포를 3차원적으로 배양하거나 재조합해 만든 장기유사체로, '미니 장기', '유사 장기'라고 한다. 신약개발 및 질병치료와 인공장기 개발 등의 목적으로 활용되고 있다.

3D 바이오 프린팅은 살아 있는 세포를 활용한 바이오잉크를 3D 프린팅처럼 층층이 쌓아 올려 각막, 간, 피부, 혈관 등 인공장기를 만들어내는 기술입니다. POSTECH은 국내 바이오 프린팅 기술을 활용한 인공장기 개발 분야의 선두주자로 오가노이드 개발

에 바이오 프린팅 기술을 접목하며 신산업의 길을 개척해나가고 있지요. 바이오 프린팅 기술에서 가장 중요한 것이 바로 '바이오잉크'로 세포를 보호할 수 있는 하이드로젤(Hydrogel)에 탑재한 것인데, 일반적으로 콜라겐(Collagen)이나 알긴산(Alginate) 등을 많이 사용하지만, 이는 조직이나 장기의 특성을 반영하지 못한다는 단점을 갖고 있습니다. 그래서 각 조직이나 장기의 세포 환경을 재현해 주기 위해 프린팅하고자 하는 조직 및 장기를 돼지로부터 확보해서 탈세포화한 후, '조직유래바이오잉크(Tissue specific bioink)'를 만들었습니다. 조직유래바이오잉크를 이용해 만든 인공장기는 실제 환자 본인의 세포로 만들어졌기 때문에 상대적으로 부작용이 적고, 환자 몸의 일부로 생착해 성장할 수 있습니다.

하이드로젤 : 물을 용매로 하는 겔이다.

콜라겐 : 동물의 몸에서 다양한 결합조직의 세포 외 공간에 분포된 주요 구조 단백질이다.

알긴산 : 갈조류(褐藻類)의 세포막을 구성하는 다당류이며 해초산이라고 부르기도 한다.

생착 : 이식된 줄기세포 또는 골수가 환자의 골수에 정착해 새로운 적혈구 및 백혈구와 혈소판을 생산하기 시작하는 과정이다.

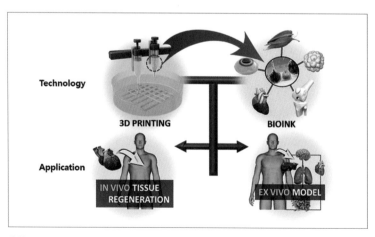

출처 : 3D printing 기술 및 dECM bioink를 이용한 in vivo tissue regeneration 및 ex vivo model 개발(POSTECH)

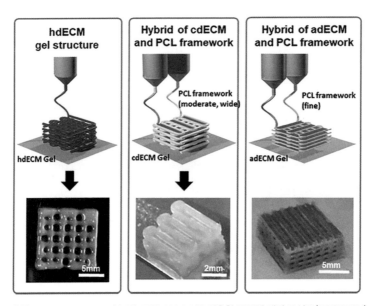

출처 : 3D cell printing 기술 및 dECM bioink를 이용한 구조체 제작 모식도(POSTECH)

04

종자생산 계약학과

구분	학교명
고등학교	김제농생명마이스터고 종자산업과(전북 김제)
	수원농생명과학고 생물자원과학과(경기 수원)
	충북생명산업고(충북 보은)
	호남원예고 원예과(전남 나주)
전문대학	연암대 스마트원예계열(충남 천안)
	경북과학대 스마트팜식품과(경북 칠곡)
	부산경상대 스마트팜도시농업과(부산 연제구)
	송곡대 스마트팜과(강원 춘천)
대학교	단국대 생명자원학부 식량생명공학전공(충남 천안)
	동아대 생명자원산업학과(부산 사하구)
	서울대 식물생산과학부(서울 관악구)

　이 학과는 기후변화로 인해 새로운 환경에 잘 적응할 수 있는 종자를 개발하기 위해서 식물유전체 정보를 바탕으로 디지털 농업을 공부합니다. 또 고령화 사회 농가의 일손을 줄이고, 농자재 투입을 최소화하여 품질을 극대화할 수 있는 분야도 연구합니다. 또한 재배에서 생산, 유통, 가공, 소비까지의 전 과정을 추적 관리할 수 있도록 블록체인 기술을 접목해 안전한 먹거리를 확보할 수 있어요.

　여기에 식량작물뿐만 아니라 식·의약 신소재를 개발하는 데 활용할 수 있으며, 바이오매스를 이용한 에너지 생산에도 활용 가능한 분야이기에 앞으로 더욱 발전 가능성이 높은 분야랍니다.

수원농생명과학고 생물자원과학과의 경우는 스마트농업 전공, 조경 전공, 화훼디자인·마케팅 전공, 애완동물 전공을 선택해서 공부할 수 있어요. 특히 스마트농업 전공의 경우는 종자기능사 자격증을 따서 종자회사에 들어가는 경우도 많습니다.

한국폴리텍 바이오캠퍼스에는 바이오배양공정과가 있어요. 바이오의약품을 만드는 핵심공정으로 미생물 또는 동물세포를 배양하는 기술, 바이오의약품을 분리 정제하는 기술, 제품의 형태를 만드는 기술 등의 여러 가지 제조공정기술과 성분을 분석할 수 있는 바이오 전문기술인력을 양성하는 학과입니다. 이곳에서 식물 종자를 생산하는 기술을 익힐 수 있어요.

05

식물자원 및 식물의학과
교육과정

① 김제농생명마이스터고 종자산업과

종자산업과

가. 학과 목표 : 종자의 육종·증식·생산·가공· 판매와 관련된
종자 산업 전문 실무인력 양성

나. 졸업 후 진로
- **국가 기술 자격 취득 분야** : 종자기능사, 원예기능사, 임업종묘기능사, 유기농업기능사,
조경기능사, 버섯종균기능사, 산림기능사, 지게차운전기능사 등
- **진로** : 종묘생산관리 분야, 국내외 종자 생산 및 가공분야, 국립종자원 및 농촌진흥청 산하
연구 보조관리 분야, 농업생산관리 분야, 농업직 공무원 등

다. 주요 실습 내용
1) **종자 가공실** : 종자 선별 및 종자 가공 실험·실습
2) **종자 검정실** : 식물 유전자 분석(DNA 추출, 유전자 증폭, 전기 연동, 결과 분석), 토양 검정,
식물체 성분분석, 잔류농약 분석 실험 실습
3) **조직 배양실** : 식물 조직배양(무병주 생산, 대량 증식, 약배양 등) 실험·실습
4) **첨단 제어 온실 및 양액 재배 온실** : 환경 제어를 통한 파프리카, 토마토 등 재배 실습
5) **채종 실습장 및 종자생산 실습장·육종 실습장**
: 십자화과, 가지과, 박과 채소 교배 및 채종 실습
6) **수경재배 실습장** : 수경 재배 설비 제작 실습 및 재배 실습
7) **원예 치료실습장** : 원예 치료 관련 활동 실습
8) **프로젝트 실습장 및 시설원예 프로젝트실습장**
: 프로젝트 수업(채소 재배 및 온실 제작)을 위한 실습
9) **과수표본온실** : 과수 수종의 관리 및 재배 실습
10) **버섯재배실** : 버섯재배 및 관리실습

무균실 : 무균 상태의 배양세포 등을 조작할 때 세균, 균류 등이 대량으로 존재하고 있는 외기를 차단시켜 조작공간 내에 이들이 최대한 존재하지 않도록 설계된 방으로 멸균실이라고도 말한다.

종자를 직접 재배해 볼 수 있는 배양실을 가지고 있어, 실무능력을 향상할 수 있는 이점이 있습니다. 특히, 무균실에서 식물조직을 배양할 수 있는 능력도 배울 수 있고 높은 배양기술을 익힐 수 있어, 우리나라 종자산업 일꾼을 양성하는 데 최적의 학교인 것 같습니다.

② 연암대 스마트원예계열

1학년 1학기	1학년 2학기
품목탐색 창업보육생산	스마트팜 실습 토양비료 공정육묘관리 스마트팜 기초1(전기전자) 작물병충해 관리 기초 지상부 환경관리
2학년 1학기	2학년 2학기
작물유전육종 농업경영관리 스마트농업시설 구축 이해 스마트팜2(아두이노) 작물병충해 관리 심화 지하부 환경관리 캡스톤디자인	생명산업의 블루오션 미래사회와 정보기술 4차 산업혁명과 코딩기술 빅데이터의 이해 농작물수확 후 관리 스마트팜 운영관리 스마트팜 심화실습 수직농장 현장실습

스마트원예계열 학과는 국내 최고의 식물전문가(스마트팜 운영관리, 식물생산, 식물관리, 식물디자인, 영농창업) 양성을 목표로 실습 중심의 교육과정을 운영하고

있습니다. 5개의 전공(스마트팜, 원예, 환경조경, 플로리스트리, 가드닝)으로 구성되어 있어요.

각 전공에 필요한 다양한 식물을 국내 최고의 실습환경에서 직접 생산하고, 관리하며, 디자인해 볼 수 있는 교육과정을 갖추고 있어 여러 식물에 대한 전문적인 지식과 경험을 얻는 데 특화되어 있습니다. 특히 4차 산업혁명 시대를 맞이하여 국내 최초의 스마트팜 전공을 운영하고 있으며, 이를 지원하기 위해 네덜란드 와게닝겐 대학교와 기술협약을 통해 최첨단 스마트 온실 실습환경을 구비하였습니다.

최첨단 스마트팜(유리온실, 비닐온실, 수직농장, 컨테이너형 수직농장, 수경재배 채소온실) 시설을 갖추고 있으며, 농촌진흥청과 스마트팜 전문 인력양성 및 기술교류 업무협약을 체결하여 전문가의 체계적 실습지도 및 해외연수를 통한 트렌드 학습, 해외취업 기회를 제공해요. 사회맞춤형 산학협력 선도전문대학 (LINC+) 육성사업 운영(스마트팜트랙, 스마트식물관리트랙)을 통한 협약 산업체 채용 약정형 주문식 교육을 지원하고 있어요.

2021년 신산업분야 특화 선도전문대학 지원사업으로 작물재배 및 가축사양 데이터 기반 스마트팜 분야 인재 양성을 위한 '스마트 융합 전공'을 운영하고 있어 정보통신기술 (ICT) 및 농업바이오(Green-Bio)분야의 실질적인 실습교육을 통해 4차 산업혁명 시대의 농산업 분야가 요구하는 전문 농업인재로 거듭날 수 있을 겁니다.

③ 단국대 생명자원학부 식량생명공학전공

식물유전자원학을 공부하고 유전자조작 실험법을 익혀 식물유전공학자 및 식량작물육종학과 실습 능력을 배양하여 종자를 개발할 수 있습니다. 약용식물에도 관심을 가지고 있어 관련 내용도 배울 수 있으며, 생물정보학을 바탕으로

마이크로전공모듈 : 학과 내 또는 학과 간 조합이 가능한 최소단위의 교과목 묶음으로 설계된 교육과정이다.

과학적으로 종자를 개발할 수 있는 능력을 배양할 수 있는 학과예요.

본 학과의 또 다른 특징은 **마이크로전공모듈**을 운영하고 있다는 것인데요. 종자생산 마이크로전공으로 종자개발, 품질관리 및 생산 등 종자생산에 소요되는 기본지식을 함양하는 과정이 있고, 작물생산 마이크로전공으로 작물 안정 생산에 기본이 되고 재배기술을 포함하여 벼, 전작물 등 주요 작물의 지식과 나아가 친환경 재배기술 등 작물생산에 도움되는 전반적인 지식을 함양하는 과정이 있습니다.

또한 국제화에 대한 높은 열정을 가진 학생들이 농촌진흥청 주관 해외인턴 사업에 지속적으로 지원하여 연간 20명 이상이 농업 분야 해외인턴에 지원하고 있습니다. 높은 경쟁률에도 불구하고 많은 인원이 선발, 해외에 파견되어 해외 농업현장에서 값진 경험을 쌓고 있습니다.

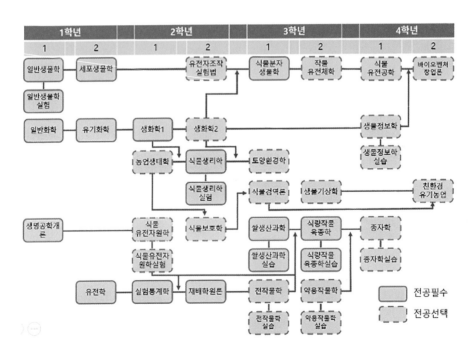

06

농학·농식물학과를 위한
과목선택

2022 개정교육과정에서는 융합선택과목, 진로선택과목으로 세분화되어 자신이 전공하고자 하는 분야에 대해 깊이 배울 수 있도록 선택과목의 폭을 넓혔습니다.

교과	선택과목		
	일반 선택	융합 선택	진로 선택
국어	화법과 언어 독서와 작문 문학	독서 토론과 글쓰기 매체 의사소통	주제탐구 독서 문학과 영상
수학	대수 미적분I 확률과 통계	실용통계 수학과제 탐구	미적분II 기하 인공지능 수학
영어	영어I 영어II 영어독해와 작문	실생황 영어회화 미디어 영어	영어 발표와 토론 심화영어 심화영어 독해와 작문
사회	사회와 문화 현대사회와 윤리	역사로 탐구하는 현대세계 사회문제 탐구 윤리문제 탐구	도시의 미래 탐구 법과 사회 윤리와 사상 인문학과 윤리
과학	물리학 화학 생명과학	과학의 역사와 문화 기후변화와 환경생태 융합과학 탐구 화학실험 생명과학실험	세포와 물질대사 생물의 유전 화학반응의 세계 과학과제 연구 고급생명과학

교양	논리학 철학 심리학 진로와 직업 논술		가정과학 지식재산 일반

☑ **농학·농식물학과를 희망하는 경우 고등학교 때 어떤 과목을 꼭 들으면 좋을까요?**

농학·농식물학과를 지원하는 학생들의 교과목 선택을 보면 비슷한 경우가 많아요. 그러나 종자생산과 스마트팜 등 새로운 학과가 생기고 있기에 다른 학생들과 차별화된 모습을 보이기 위한 과목을 선택하는 것이 좋아요.

사회문제탐구 과목은 아는데 윤리문제탐구 과목은 처음이지요? 윤리문제탐구는 우리가 알고 있는 생활과 윤리 과목을 통해 기본적인 사회현상에 관한 윤리적인 문제를 분석하고 대안을 찾는 탐구과정입니다. 현재 종자 연구나 농학의 발전으로 농업기술 분야의 연구들이 지속적으로 진행되고 있는데요. 그에 따른 윤리적인 문제인 GMO, 유전자가위로 새로운 작물을 만드는 것 등의 주제들을 응용 윤리학에서 많이 다루고 있어요. 여기에 생명윤리나 정보윤리, 환경윤리들의 주제들로 활용할 수 있어요.

지식재산 일반이라는 과목도 살펴볼까요?

이 과목은 발명과 지식재산에 대한 가치를 이해하고 이를 보호 및 활용할 수 있는 학습을 말해요. 발명이나 특허, 상표 등록 등의 이론과 실제 특허명세서 작성이나 출원에 대한 실습도 할 수 있어요. 앞으로 농학·농식물학과를 진학할 학생들에게는 꼭 필요한 과목이라는 생각입니다. 이뿐 아니라 과학·수학·사회·정보 등 다른 교과와의 융합적인 모습을 보여주면서 저개발 국가의 인구증가로 인한 다양한 문제 상황을 창의적이고 융합적인 사고를 토대로 해결할 수 있는 능력도 키울 수 있어요.

국어는 주제탐구 독서를 선택해 보는 건 어떨까요?

이 과목은 학 학기에 학생들이 관심 있는 주제나 진로에 관련된 내용을 직접 선택하여 책을 읽고 활동지를 작성하고, 발표를 하는 수업입니다. 독서 과목을 활용해 진로선택과목으로 심층 탐구를 할 수 있어요. 물론 수업을 하시는 선생님에 따라 다르겠지만요. 독서는 모든 학생들이 갖추어야 할 배경지식을 쉽게 쌓을 수 있기 때문에 이 과목을 잘 활용하는 것도 좋아요. 책 속에서 종자와 GMO에 관한 내용들도 탐구할 수 있는 기회가 될 수 있어요.

이처럼 교과 선택을 잘한다면 학생들이 원하는 직업 탐색뿐만 아니라 진로에 높은 관심과 전공적합성도 함께 보여줄 수 있어요.

07

그린 바이오 관련
재미있는 탐구활동

① 인간배아에서 영감 얻은 강력 습윤밴드

인간배아의 초고속 상처봉합과정(Superfast wound closing process)에서 영감을 얻은 신소재 밴드(Jell-O처럼 생긴, 반투명하고 물렁물렁한 창상 피복제)가 피부의 열에 반응하여 상처의 가장자리를 한데 모읍니다.

전통적인 창상피복제(예 : 거즈, 천으로 만든 붕대)는 피부의 수분을 유지하고 모든 의약품을 상처 가까이 잡아둠으로써 상처를 수동적으로 치유해주지만, 새로운 밴드는 '온도에 민감한 소재'를 이용하여 상처 난 조직을 오므리고, 은나노입자(Silver nanoparticle)를 이용하여 해로운 미생물을 처치해요.

→ 기존 습윤밴드와 일반 밴드의 상처 치유 효과와 회복 시간 탐구하기

기사명		관련 영역	
주제명			
읽게 된 동기			
탐구 내용			
느낀 점			
추후 심화 활동			
학생부 브랜딩			

② 홍합의 접착력 응용한 '프라이머' 개발

치과의사는 타액이 많아 악조건인 구강에서 치아 수복재료를 붙이기 위해 산(酸)을 이용해 치아표면을 정리하고, 접착제가 잘 붙는 표면으로 바꾸기 위해 프라이머로 표면처리를 한 후 접착제를 붙여요. 홍합은 족사를 바위에 붙이기 위해 접촉면을 산성 상태로 만들어 표면을 준비하고, 산화되기 쉬운 접착물질인 캐타콜로 산화를 방지해요. 미네랄 표면에 두 치아가 물리는 형태로 동시에 두 개의 강력한 수소결합을 가능케 하는 페놀성 화학작용을 '캐타골'이라고 하는데요. 이 함량이 홍합족사의 접착 표면에 집중된 것에 주목해 치과수복재의 내구성을 50% 이상 증가시키고 있습니다.

→ **접착력의 차이를 발치한 치아를 대상으로 탐구하기**

기사명		관련 영역	
주제명			
읽게 된 동기			
탐구 내용			
느낀 점			
추후 심화 활동			
학생부 브랜딩			

③ 미세진동 자극이 악골의 골질 개선과 골 재생에 미치는 효과

골결손 부위에 미세진동이 골재생에 미치는 효과를 알아보기 위하여 토끼와 랫드를 이용한 정강이 골결손 모델을 만들어 다양한 동물에서의 미세진동 자극의 효과를 분석해요. 미세진동 자극에 의한 줄기세포의 활성화와 직접화가 이루어진 것을 줄기세포 표면에 발현하는 CXCR4 항체를 이용한 면역화학 염색으로, 골 결손 부위에 이식한 콜라겐 스펀지 내부에 CXCR4를 발현하는 세포들이 유입된 것을 확인해요.

→ 임플란트 이식 후 진동 여부에 따른 골밀도 조사하기

기사명		관련 영역	
주제명			
읽게 된 동기			
탐구 내용			
느낀 점			
추후 심화 활동			
학생부 브랜딩			

조기취업형
계약학과 선도대학

01

조기취업형 계약학과

조기취업형 계약학과는 대학과 기업이 계약을 통해 현장실무역량을 갖춘 인력을 양성해요. 기업에서 필요한 인력을 양성하기 위해 교육비의 일부를 기업에서 부담하고, 대학은 기업의 수요에 맞추어 교육과정을 개발 및 운영하여 기업에 인재를 공급해요. 조기취업형 계약학과는 입학과 동시에 취업이 확정되어 2학년 때부터 직장인으로 일과 학업을 병행하며, 학사학위를 3년 만에 취득할 수 있습니다.

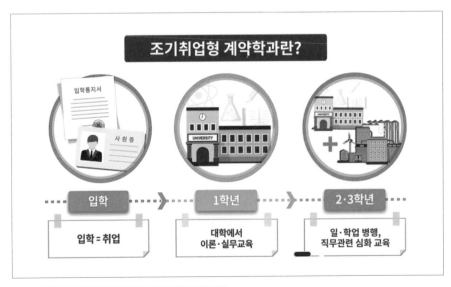

출처 : 조기취업형 계약학과 선도대학 종합포털

조기취업형 계약학과 운영 대학 알아보기

　2018년부터 시작되어 현재 8개 대학 28개 학과가 참여하고 있습니다. 참여대학별 3~4개의 조기취업형 계약학과를 운영하고 있으며, 4차 산업혁명에 맞추어진 학과들로 구성되어 있습니다.

출처 : 조기취업형 계약학과 선도대학 종합포털

지역	대학	학과
경기	가천대	첨단의료기기학과 게임영상학과 디스플레이학과 미래자동차학과
	한국산업기술대	ICT융합공학과 융합소재공학과 창의디자인학과

경기	한양대 에리카	소재부품융합전공 로봇융합전공 스마트ICT융합전공 건축IT융합전공
충남	순천향대	스마트모빌리티공학과 스마트팩토리공학과 융합바이오화학공학과
전남	국립목포대	첨단운송기계시스템학과 스마트에너지시스템학과 소프트웨어학과 스마트비즈니스학과
	전남대	기계IT융합공학과 스마트융합공정공학과 스마트전기제어공학과
부산	동의대	스마트호스피탈리티학과 미래형자동차학과 소프트웨어융합학과
경북	경일대	스마트팩토리융합학과 스마트전력인프라학과 스마트푸드테크학과 스마트경영공학과

조기취업형 계약학과의 이점

① 배운 내용을 업무에 적용해 실력향상과 좋은 이미지 전달

학교와 회사를 병행하기 때문에 학교에서 배운 내용을 더 자세히 찾아보고 공부하면서 그것을 곧바로 업무에 적용하기에 업무 적응 능력과 실력을 더욱 향상 시킬 수 있습니다. 회사에서 업무 경력이 있는 선배들의 도움을 톡톡히 받는 것이 이점이 됩니다. 열정적인 자세로 개발자의 지식을 얻겠다는 마음가짐으로 질문하면 더 많은 지식을 얻을 수 있고, 하고자 하는 열정이 좋은 인상을 심어주어 현장 체험한 기업에서 취업으로 연결도 가능합니다. 또한, 실력을 쌓아 경력직으로 이직하는 데에도 많은 이점이 있습니다.

② 배운 것을 백 퍼센트 활용하는 기쁨

꾸준히 공부하고 일하며 열심히 한 결과, 더 다양한 프로젝트를 맡을 수 있어요. 학교에서 배운 지식을 바탕으로 프로젝트를 진행하니 공부한 내용을 100% 활용하기에 더 높은 성과로 이어집니다. 실제 프로젝트를 성공적으로 마치면서 쌓은 지식은 실전에서 바로 활용할 수 있는 능력이 되어 자신감을 가지고 현장에 임할 수 있습니다.

③ 일하면서 찾은 나의 숨은 능력

일하면서 가장 중요한 부분 중 하나는 업무가 적성에 맞아야 하는 겁니다. 적성에 맞으면 그만큼 시간을 절약할 수 있으며, 능력을 더욱 발전시키기 위해 다양한 나노학위과정을 이수하여 실력을 쌓을 수도 있습니다. 이런 능력에 소비자가 요구하는 부분이 무엇인지 파악하고 이를 개발하는 능력까지 갖출 수 있고, 자연스럽게 고객사와 개발자 간의 의사소통 능력과 조율하는 능력까지 익힐 수 있답니다.

④ 하나씩 채워지는 포트폴리오

학교에서는 다양한 분야를 배우고 실무에서는 회사에 맞춰진 또 다른 결과물을 만들어내면서 자신감이 생깁니다. 그러면서 하나하나 채워지는 포트폴리오를 보면서 내가 계속 발전하고 있다는 것을 느낄 수 있죠. 본인이 직접 만든 광고를 통해 홈페이지 유입률이 높아지고, 직접 그린 그림을 웹툰 형식으로 만들면서 디자인에서 3D 애니메이션까지 폭넓게 지식을 익힐 수 있어요. 디자인 분야 외에도 여러 가지 공학을 융합시킨 지식이나 4차 산업 혁명 등 새로운 시대의 기술을 디자인에 적용하면서 다양한 결과물을 만들어내게 됩니다.

02

융합바이오화학공학과

입학과 취업을 동시에 갖춘 창의적 실무인재를 양성하기 위한 3년 6학기제로 운영되어 학사학위를 취득할 수 있습니다.

'융합바이오화학공학과'의 경우 입학 시 취업할 기업의 인사담당자가 참여하는 면접평가를 거쳐 최종 합격을 하면 1학년은 대학에서 전공과정을 집중이수하고, 2~3학년은 선택한 기업에 취업하여 실제로 근무하면서 토요일마다 심화과정을 이수하게 됩니다.

교육전략	전공 및 직무기초역량교육 기초학문/전공교과/기업요구교과/나노디그리				전공심화 기업연계 프로젝트교육 전공심화 / SOOC / CO-PBL / OJT			
교육과정	1학년 주간수업 (60학점)				2학년 토요수업 (30학점)		3학년 토요수업 (30학점)	
	1학기 (21학점)	여름 (9학점)	2학기 (21학점)	겨울 (9학점)	3학기 (15학점)	4학기 (15학점)	5학기 (15학점)	6학기 (15학점)
	학교(전공집중교육 48학점)				기업(기업현장교육 12학점)			
					학교(전공심화교육 28학점)			
	학교(창의융합교육 12학점)				학교(온라인SOOC 8학점)			
					학교(기업연계 연구프로젝트(PBL) 12학점)			
	학교(창의융합교육6학점)			전공학점 90학점 이상		다면적졸업인증제		

출처 : 순천향대학교 조기취업형 계약학과

1학년	2학년	3학년
대학수학	스마트 생산계획 및 관리	스마트 생산설계 및 데이터분석
대학화학	현장기술과 실무	현장기술과 실무
대학물리학	유전학	화합물특성분석
IoT입문	화합물구조분석심화	융합아이템설계
바이오화학산업개론	일반미생물학	공정품질관리
화학물질관리	컴퓨터활용실습설계	컴파운딩
융합바이오화공개론	화학법규이해	화장품성분학
일반생물학	고분자나노공학	바이오신소재개발
공업수학	스마트공정및설비관리	품질경영혁신
스마트품질관리	분석보고기법	첨가제제조
열역학	화학물분석계획	화장품제조실습
유기화학	위해성평가관리	바이오화학소재학
물리화학	고분자공학	
원료전처리	계면화학	
화학품질관리		
화공양론		
스마트 환경안전관리		
화합물구조분석		
화학공정관리		
융합바이오화공실습설계		

〈융합바이오화학공학과와 제휴한 기업〉

기업	특징
네슈라 화장품	주요생산품 : 코팩 및 하이드로겔마스크 외 화장품 직무 : 화장품 제고, 분석 및 품질관리
남양화학공업	주요생산품 도료 직무 : 화학물질 분석 및 기능성 정밀화학 제품제조, 품질관리
비엔씨 화잘품	주요생산품 : 화장품 직무 : 화장품 제조
바이오 시엠	주요생산품 기능성화장품 직무 : 화장품 기술 개발
비엔케이	주요생산품 : 부직포, 펠트 등 직무 : 고분자복합재료 제조, 기능성 정밀화학 제품 제조, 품질관리
씨에스 켐텍	주요생산품 : 계면활성제 직무 : 연구소 실험실, 제품 교반 및 생산
아름다운 화장품	주요생산품 : 화장품 직무 화장품 제조 및 원료 관리 및 자재관리
이안 하이텍	주요생산품 : LCD검사장비 외 직무 : 광 헬스케어 제품개발
엠아이팜	주요생산품 : 의약품중간체, 화공약품(유기용제) 직무 : 공정 실험 및 화학물질 분석
정 코스메틱	주요생산품 : 화장품 직무 : 생산관리, 품질관리

융합바이오화학공학과는 이 외에 더 많은 기업과 제휴되어 있습니다. 또한, 기업의 상황에 따라 변경될 수 있으니 지원하기 전에 파악을 해야 합니다. 면접에 합격한 뒤 관련 지식을 습득하는 방식이어서 필요한 지식을 쌓을 수 있다는 장점이 있습니다.